꼭 알아야 하는 과학 지식

# 판타스틱 화학 77

앤 루니 글 | 낸시 버터워스 그림 | 이정모 옮김 | 장홍제 감수

그린북

## 판타스틱 화학 77

초판 1쇄 발행 2024년 6월 24일

**글** 앤 루니  **그림** 낸시 버터워스
**옮김** 이정모  **감수** 장홍제

**펴낸곳** 도서출판 그린북
**펴낸이** 윤상열
**기획편집** 최은영 김민정  **디자인** 공간42
**마케팅** 윤선미  **경영관리** 김미홍

**출판등록** 1995년 1월 4일(제10-1086호)
**주소** 서울시 마포구 방울내로11길 23 두영빌딩 302호
**전화** 02-323-8030~1  **팩스** 02-323-8797  **블로그** greenbook.kr
**이메일** gbook01@naver.com

ISBN 978-89-5588-470-8 74400
ISBN 978-89-5588-463-0 (세트)

* 잘못된 책은 구입하신 곳에서 바꾸어 드립니다.

이 책의 전부 또는 일부를 이용하려면 저작권자와 그린북의 서면 동의를 받아야 합니다.

어린이제품안전특별법에 의한 표시
**품명** 어린이 도서  **제조국** 대한민국  **사용연령** 8세 이상
**주의사항** 책 모서리에 다치지 않도록 주의하세요.

# 놀라운 화학의 세계에 온 것을 환영해요!

우리 몸은 대부분 130억 살이 넘었다는 사실을 알고 있나요?
오늘 아침에 마신 물이 한때 공룡이 먹었던 물이었다는 사실은요?
아니면 어떤 금속은 물속에서 폭발한다는 사실을 아나요?

우주의 모든 것은 화학 물질로 이루어져 있어요. 그중 어떤 것은 이상하고 어떤 것은 아주 멋지죠. 이 책은 여러분을 놀라게 할 흥미로운 화학 지식으로 가득 차 있어요(몇몇은 여러분을 그냥 낄낄 웃게 만들 테지만요).

이 책에는 깊이 생각하고 토론할 만한 흥미로운 사실이 많아요. 과학 상식으로 친구와 가족에게 깊은 인상을 줄 수도 있을 거예요! 그중 몇 가지는 꽤 쓸모도 있지요. 사해에 빠지거나 천왕성을 여행할 때에 유용하게 쓸 수 있는 것도 있으니까요. (천왕성이라니!)

이 책은 어떤 방식으로 읽어도 좋습니다. 처음부터 시작해서 쭉 읽어도 되고, 건너뛰고 가장 흥미로운 부분을 찾아가며 읽어도 돼요. 선택은 여러분의 몫이에요. 또한, 책에는 그림도 많아요. 몇 개는 사실적이지만 대부분은 재미있고 기발한 그림이어서 깔깔 웃으면서 화학을 배울 수 있을 거예요.

**기발한 화학 상식과 실험을 만날 준비가 되었나요?
페이지를 넘겨 보세요!**

# 차례 Contents

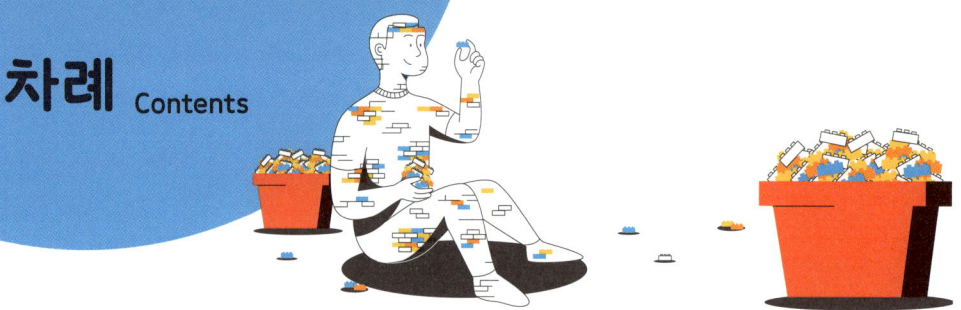

머리말 … 3

1 여름에 자라는 에펠 탑 … 6
2 우리가 공룡 오줌을 마시고 있는지도 모른다고? … 8
3 우리 몸의 대부분을 구성하는 물 … 9
4 세상의 모든 것은 단 92개의 화학 원소로 이루어진다 … 10
5 영원히 살고 싶었던 초기 화학자들 … 12
6 상당량의 철은 우리가 접근할 수 없는 곳에 있다 … 14
7 산소는 파란색 … 16
8 바다는 정말 파랗다 … 17
9 모두를 아프게 할 수 있는 세상에서 가장 나쁜 냄새 … 18
10 가장 치명적인 독극물 중 하나로 알려진 보톡스 … 19
11 원자, 분자를 만들기 위해 '손을 잡다' … 20
12 사해에서는 몸이 가라앉지 않는다고? … 22
13 전 세계 모든 금을 올림픽 국제 규격 크기의 수영장 4개에 넣으면 … 24
14 금이 든 휴대 전화 … 25
15 은하수는 라즈베리 맛이 난다고? … 26
16 장갑을 끼고 금속을 잡으면 냄새가 나지 않는다 … 27
17 기후 변화에 (약간!) 책임이 있는 샌드위치 … 28
18 헬륨 풍선이 충분하면 하늘을 날 수 있다 … 30
19 닭 뼈를 휘게 만들 수 있고 치아와 사람의 뼈도 녹일 수 있는 콜라 … 33
20 녹슬어서 붉은 화성 … 34

21 유리는 모래로 만든다 … 36
22 기름이 거친 바다를 진정시킨다고? … 38
23 눈에 보일 만큼 큰 분자 … 40
24 세계에서 가장 느린 화학 실험은 1927년에 시작되었다 … 42
25 강철이 고무줄보다 탄성이 강하다고? … 44
26 금속 갈륨은 손에서 녹는다 … 45
27 물에 소금을 넣으면 물이 줄어든다고? … 46
28 물 1컵 + 모래 1컵 < 모래 물 2컵 … 47
29 자동차 에어백 내부에서 일어나는 폭발 … 48
30 천왕성, 냄새나는 행성 … 50
31 우리가 납을 금으로 바꿀 수 있다고? … 52
32 눈앞에서 사라지는 원소 … 54
33 아스타틴은 방사능이 너무 강해 스스로 기체로 변한다 … 55
34 구운 케이크는 다시 반죽이 될 수 없다고? … 56
35 태양에서 처음 발견된 헬륨 … 58
36 헬륨은 유리를 타고 올라가서 탈출한다 … 59
37 사람들을 파멸로 이끈 신비한 불꽃 … 60
38 인은 오줌에서 처음 발견되었다 … 62
39 곰 화석이 무기를 만드는 데 사용되었다고? … 63
40 금속을 태우면서 빛을 발하는 불꽃놀이 … 64
41 화학의 수수께끼를 풀어 준 뱀 꿈 … 66

42 어떤 금속은 물에서 폭발한다 … 68
43 실온에서 액체 상태인 원소는 두 가지뿐이라고? … 70
44 야광봉은 화학적으로 빛을 만든다 … 72
45 칼로 자를 수 있는 금속 … 74
46 두 개의 고체가 액체를 만든다고? … 75
47 물이 거의 없는 눈 더미 … 76
48 눈은 시끄럽다? … 77
49 잠수부는 피가 부글부글 끓을 수 있다 … 78
50 우리 몸의 대부분은 138억 년 전의 것이라고? … 80
51 우리 몸의 모든 원자는 우주에서 만들어졌다 … 82
52 소금은 도로의 얼음을 녹여요 … 84
53 사람 모양의 분자 … 86
54 별빛을 보면 별이 무엇으로 만들어졌는지 알 수 있다 … 88
55 상한 달걀과 신선한 달걀 구별법 … 90
56 지구상에서 가장 비싼 화학 물질 … 92
57 랍스터의 피는 파란색이다? … 94
58 금메달은 은으로 만든다? … 96
59 은빛이 아닌 금속 세 가지 … 97
60 물에 소금을 넣으면 더 높은 온도에서 끓는다 … 98
61 오가네손 원소의 원자는 없다고? … 100
62 사람의 이름을 딴 원소 … 101

63 커피는 벌레를 쫓는다 … 102
64 바나나가 과일을 상하게 만든다고? … 104
65 지구가 무엇으로 만들어졌는지 알려 주는 운석 … 106
66 고양이는 쓸모 있는 화학을 알고 있다 … 108
67 작은 금덩어리로 수 킬로미터 길이의 실 만들기 … 110
68 다이아몬드와 연필심은 화학적으로 동일하다 … 112
69 거대 기체 행성 내부에 내리는 다이아몬드 비 … 113
70 물에 '피부'가 있다고? … 114
71 표백제는 우리를 비누처럼 만들 수 있다 … 116
72 두 가지 매운맛 … 118
73 표백제는 얼룩을 실제로 제거하지 못한다 … 119
74 은을 먹으면 파랗게 변한다고? … 120
75 탄산음료 거품은 우리 입 때문에 생긴다 … 122
76 십 대 소년이 발견한 연보라색 … 124
77 우리 몸에는 연필 수천 자루를 만들 수 있을 만큼의 탄소가 들어 있다고? … 126

용어 풀이 … 128
찾아보기 … 130

# 1 여름에 자라는 에펠 탑

프랑스 파리에 있는 에펠 탑은 맨 위에 있는 라디오 안테나를 제외한 높이가 312m나 되는 거대한 금속 탑이에요. 에펠 탑은 철로 만들어졌지요. 철은 다른 금속과 마찬가지로 뜨거워지면 늘어나고 차가워지면 줄어들어요. 에펠 탑은 더운 여름날에는 조금 더 커지고 추운 겨울날에는 조금 줄어들어요.

## 한쪽으로 휘어짐

에펠 탑은 고르게 자라지 않아요. 네 면 중 한 면만 태양과 마주하기 때문에 이 면만 더 길게 '자랄' 수 있을 정도로 매우 뜨거워지죠. 그 결과 한 면은 자라고 다른 면들은 그대로 유지되어 탑이 태양 반대쪽으로 약간 기울어져요. 태양이 하늘을 가로질러 이동할 때 탑의 꼭대기도 약 5cm 정도의 곡선을 그리면서 함께 움직이지요.

## 열은 물체를 더 크게 만든다

물체가 뜨거워지면 그 물체를 구성하는 입자(원자 또는 분자)가 더 활발하게 움직여요. 에펠 탑과 같은 고체에서는 입자가 멀리 이동할 수는 없지만, 더 빠르게 진동해요. 이때 물체를 구성하는 입자를 멀리 밀어내죠. 그러면서 물체는 더 많은 공간을 차지하게 되어 부피가 커져요. 이를 '열팽창'이라고 하는데, 막대기나 케이블처럼 기다란 물체의 경우 열팽창은 매우 중요해요. 케이블이 처지는 것은 누구도 원하지 않으니까요!

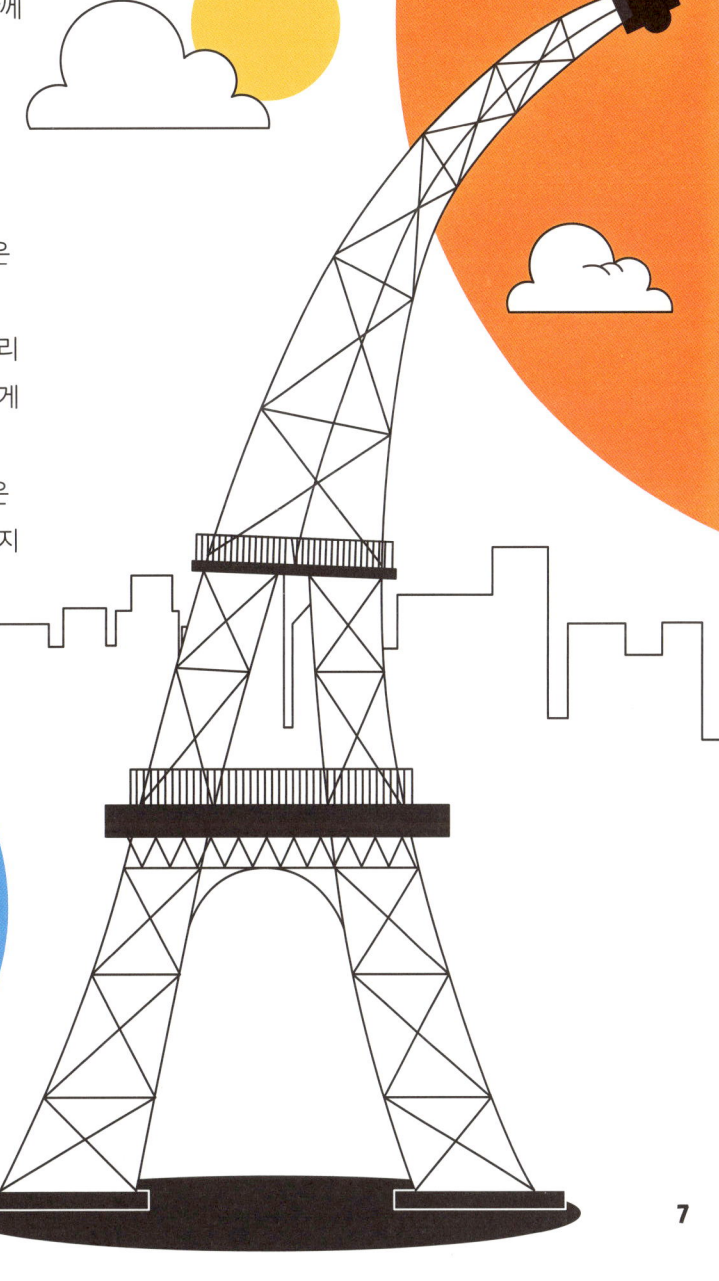

### 알고 있나요?

에펠 탑은 1889년 완공 당시 세계에서 가장 높은 구조물이었어요. 지금 가장 높은 빌딩은 높이 828m의 아랍 에미리트 두바이에 있는 부르즈 할리파예요.

## 2 우리가 공룡 오줌을 마시고 있는지도 모른다고?

우리가 마시고 이를 닦는 물은 수십억 년 동안 지구를 돌고 돌며 존재해 왔어요. 물은 다른 모든 종류의 물체와 생물에 존재해 왔지요. 심지어 공룡도 물을 마시고 오줌을 눴을 거예요.

## 빙글빙글 돌다

물이 세상의 다양한 사물을 순환하는 방식을 과학자들은 '물의 순환'이라고 불러요. 물은 바다와 육지 표면에서 증발하여 구름이 되고, 구름은 나중에 육지와 바다에 비로 내리죠. 육지에 내린 비는 땅속으로 스며들고 땅 위를 흐르다가 강을 따라 바다로 흘러가거나 호수에 모여요. 식물은 땅에서 물을 빨아들여 성장하지요. 동물은 강, 호수, 웅덩이에서 물을 마시고, 식물이나 다른 동물을 먹어 물을 섭취해요. 그런 다음 오줌이나 땀, 숨을 통해 물을 다시 몸 밖으로 내보내요. (거울이나 창문에 대고 숨을 내쉬면 입김과 함께 수증기가 피어올라요.) 이렇게 나온 물은 공기, 땅, 강으로 다시 흘러 들어가서 계속 순환하지요.

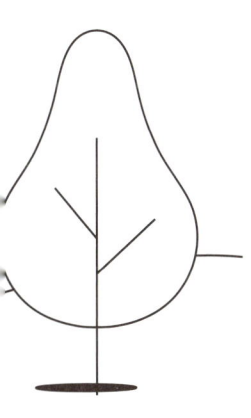

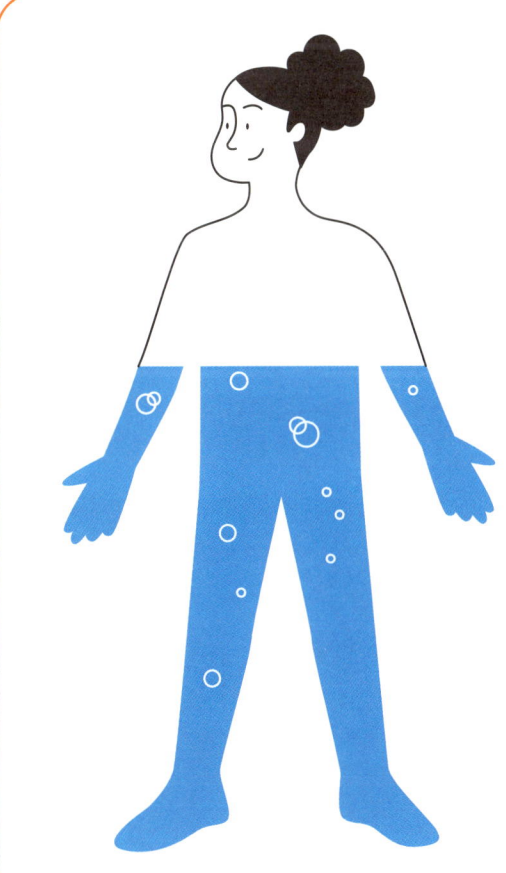

# 3 우리 몸의 대부분을 구성하는 물

우리 몸은 다양한 화학 물질로 구성되어 있지만(126쪽 참조) 대부분은 물로 이루어져 있어요. 우리들은 약 65%가 물이에요. 95%가 물인 상추가 아닌 게 얼마나 다행인지 몰라요!

# 4 세상의 모든 것은
# 단 92개의 화학 원소로 이루어진다

현재 알려진 화학 원소는 118가지예요. 원소는 성분으로 분해할 수 없는 기본 물질이지요. 각 원소는 다른 원소와는 다른 고유한 원자 디자인을 가져요. 약 90개의 원소는 지구의 자연에 존재하므로 발견하기 쉬워요. 나머지는 소량으로만 발견되거나, 인공적으로 만들어져야만 해요. 지구상의 모든 물질은 이 몇 가지 구성 요소로 만들어진답니다.

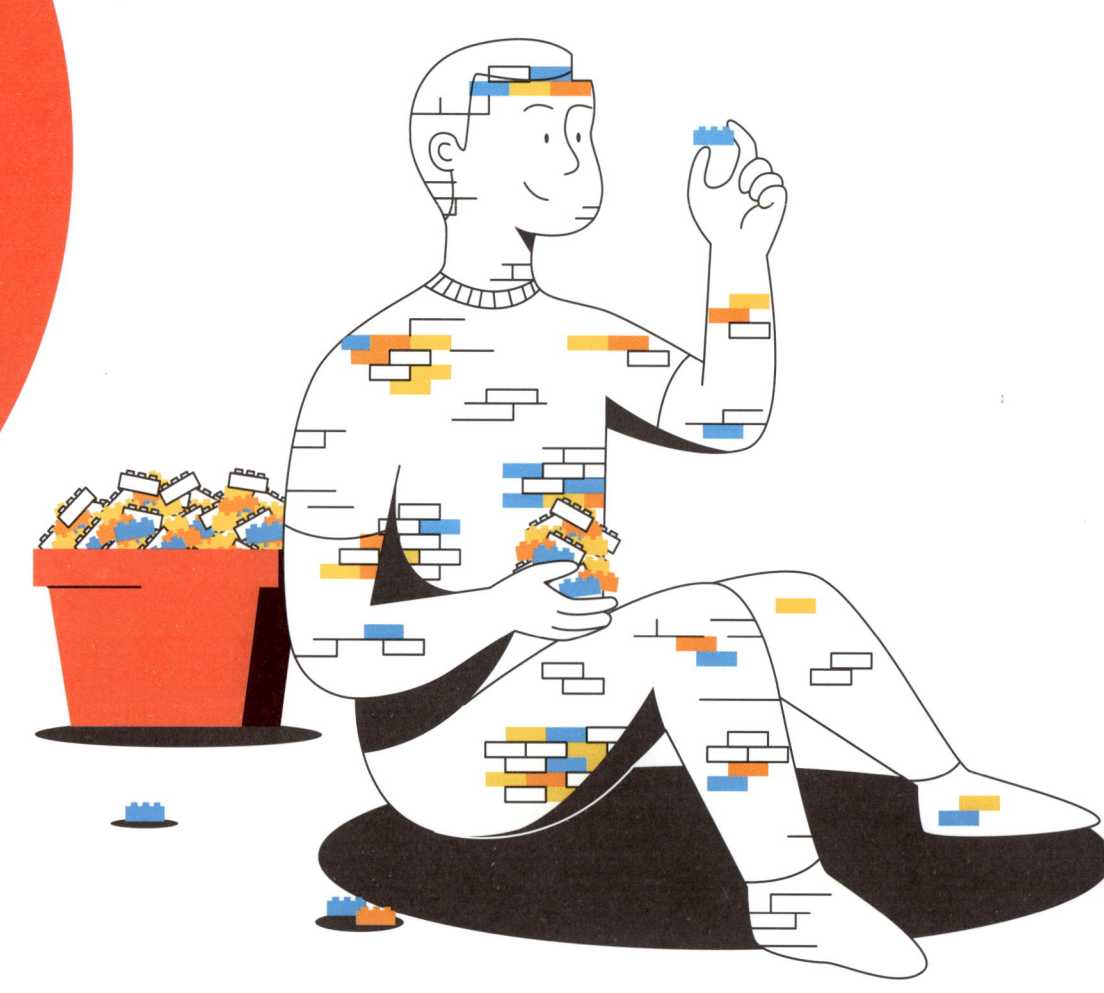

## 레고 블록 같은 화학 물질

원소는 레고 블록의 다양한 디자인이나 색과 비슷하다고 생각할 수 있어요. 레고를 다양한 조합으로 결합하여 온갖 물건을 만들 수 있잖아요? 두 개 이상의 원자를 결합하면 분자가 돼요. 분자는 같은 원소 또는 다른 원소의 원자로 만들 수 있어요. 두 종류 이상의 원자(또는 두 가지 이상의 원소)로 이루어진 화학 물질을 '화합물'이라고 해요. 수백 또는 수천 개의 원자를 포함하는 거대한 화합물 분자도 있답니다.

## 우리 몸의 화학 물질

우리 몸은 다른 것과 마찬가지로 원자와 분자로 이루어져 있어요. 일부 분자는 거대하지요. 이들 분자는 대부분 탄소, 수소, 질소, 산소, 인, 황 등 몇 가지 원소로만 구성되어 있어요. 우리 몸은 음식과 공기 중의 화학 물질을 섭취하여 분해하고 다른 화학 물질로 재구성해요. 우리 몸은 복잡한 화학 공장이며, 항상 다양한 화합물을 만들고 분해하여 화학 물질을 끊임없이 재활용하지요.

# 5 영원히 살고 싶었던 초기 화학자들

최초의 화학자들은 연금술사였어요. 이들에게는 납처럼 값싼 금속을 금으로 바꾸기, 영생(영원한 생명)의 비밀 찾기, '철학자의 돌'이라고 하는 '지식의 돌' 찾기의 세 가지 중요한 목표가 있었어요.

### 그럴 듯한 생각

연금술사들은 세상에서 가장 순수한 물질은 금이고 다른 모든 물질은 불순물이 섞인 금이라고 생각했어요.
여기에서 불순물만 제거하면 결국 금이 될 것이라고 생각했죠. 그럴싸해 보이나요? 하지만 그들의 생각은 옳지 않았어요.

## 치명적인 음료

중국 최초의 황제 진시황은 영생으로 이끄는 묘약을 찾으라고 명령했어요. (아무도 찾지 못했지만요!) 그는 심지어 수은이 들어 있는 술을 마시기도 했어요. 수은이 이전 황제들을 1만 년 동안 살게 만들었다고 믿었거든요. 안타깝게도 그는 49세의 젊은 나이에 수은 중독으로 사망했어요. 하지만 그는 여전히 영원한 사후 세계가 있다고 믿었고, 자신을 보호하기 위해 실물 크기의 점토 전사 8,000명과 함께 묻혔어요. (이렇게 쓰고 보니 사후 세계가 위험한 곳처럼 들리네요!) 그의 무덤은 수은 강으로 둘러싸여 있고 무덤 속에는 석궁이 장치된 함정이 있다고 해요. 아직 아무도 감히 무덤을 열지 못했다고 하네요.

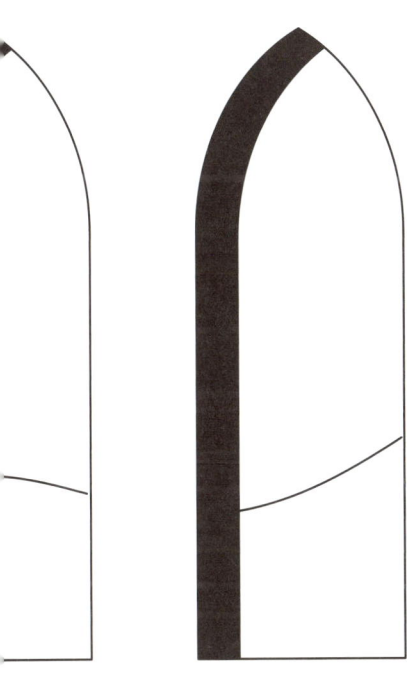

## 오래전의 화학자들

연금술은 약 2,000년 전 이집트에서 시작되었어요. 그들의 지식은 고대 그리스인, 아라비아인, 그리고 중세 유럽인에게 전해졌지요. 중국의 연금술사들은 자신들만의 독자적인 전통을 가지고 있었지만, 그들 역시 영생을 가져다줄 묘약 찾기를 바랐어요.

# 6 상당량의 철은 우리가 접근할 수 없는 곳에 있다

철은 흔한 금속이에요. 사실 철은 생각보다 훨씬 더 많이 존재하지만, 대부분의 철은 발밑 2,900km 아래에 있는 지구 중심부에 갇혀 있을 뿐이에요.

## 암석 행성은 대개 금속으로 되어 있다

지구는 암석 행성이에요. 지구의 지각과 맨틀은 대부분 규산염 암석으로 이루어져 있어요. 하지만 모두 도시 아래, 얇은 층의 흙 밑에 숨겨져 있지요. 바다를 바라본다면 물 아래에 숨겨져 있겠군요. 맨틀 아래에는 두께 3,485km의 핵이 존재해요. 핵은 철과 니켈이라는 금속으로 이루어진 거대한 덩어리예요!

### 지표면에서는 희귀한 철

철은 그냥 있는 것이 아니라 광석이라고 불리는 암석에 많이 들어 있어요. 금속이 녹을 정도의 온도로 광석을 가열하면 금속을 추출할 수 있는데, 이 과정을 '제련'이라고 해요. 제련을 통해 우리는 철을 많이 얻을 수 있지요. 그런데 사람들이 철광석을 제련할 수 있을 만큼 뜨거운 불을 피울 수 있게 되기 전에도 약간의 철을 얻을 수 있었어요. 많은 운석(우주에서 떨어져 나온 암석 덩어리)들은 철로 이루어져 있어요. 고대 이집트인들은 철 운석을 망치로 두드려서 모양을 만들어 특별한 의식용 물건을 만들었어요. 파라오 투탕카멘은 운석으로 만든 단검과 함께 묻혔지요. 지구의 핵에는 많은 양의 철이 있지만 우리는 핵에 도달할 만큼 땅을 깊이 팔 수 없어요. 우리가 사용하는 모든 철은 광석에서 나오지요.

# 7 산소는 파란색

우리는 산소를 눈에 보이지 않는 기체, 즉 우리 주변 공기 중에 존재하는 기체라고 생각해요. 하지만 산소를 -183°C로 냉각시키면 산소는 액체가 되고 액체 산소는 파란색이에요.

산소가 파란색인 것은 잊어버리세요! 너무 차가워서 파랗게 변할 것 같으니까요!

## 산소가 파란 이유

물체와 물질이 우리에게 어떻게 보이는지는 빛을 반사하는 방식에 따라 달라져요. 햇빛은 붉은 빛부터 보라색 빛까지 모든 스펙트럼을 포함하고 있어요. 모든 빛을 반사하는 물체는 흰색으로 보이고, 빛을 전혀 반사하지 않는(모두 흡수하는) 물체는 검은색으로 보이죠. 액체 산소는 파란색 빛을 반사하지만 스펙트럼의 다른 부분은 흡수하기 때문에 파란색으로 보여요. 하지만 파란색으로 보이려면 산소가 매우 농축되어 있어야 해요. 기체 상태의 산소가 담긴 유리병은 공기가 담긴 유리병과 다를 바가 없어요.

## 바다는 정말 파랗다

사람들은 바다가 하늘을 반사하기 때문에 파랗게 보인다고 생각하지만 사실은 그렇지 않아요. 물은 스펙트럼의 빨간색 빛을 흡수하고 파란색 빛을 반사하기 때문에 물의 색이 파란색으로 보이는 거예요. 물이 많이 있어야 파랗게 보여요.

### 푸른 수영장

벽이 흰색인 수영장이라도 파란색으로 보이기에 충분한 양의 물을 갖고 있어요. 그리고 물이 얼어붙은 거대한 빙산도 푸른빛을 띠고 있지요.

# 9 모두를 아프게 할 수 있는 세상에서 가장 나쁜 냄새

화학 물질인 싸이오아세톤은 유독하지 않아요. 하지만 0.5km 떨어진 곳에 한 방울만 있어도 우리를 괴롭힐 정도로 끔찍한 냄새가 나죠. 이 물질은 1889년 독일 프라이부르크의 화학자들이 우연히 발견했어요. 이들이 연구할 때 냄새 때문에 마을 사람들이 구토하고 실신하는 일이 발생해서 결국 마을 전체를 비우고 대피해야 했죠.

## 악취 나는 황

싸이오아세톤의 냄새가 왜 그렇게 끔찍한지 아무도 몰라요. 아마도 물질 안에 황이 포함되어 있기 때문일 거예요. 황은 썩은 달걀과 방귀 냄새를 일으키거든요. 다행히도 싸이오아세톤을 안정적으로 만들고 유지하는 것은 매우 어려워요. 붉은색 오일인 싸이오아세톤은 영하 20°C 이상의 온도에서는 냄새가 나기는 하지만 참을 수 없을 정도의 냄새는 아닌 형태로 빠르게 변해요. 너무나 빠르게 변하기 때문에 무기로 사용할 수 없지요.

# 10 가장 치명적인 독극물 중 하나로 알려진 보톡스

보톡스 또는 보툴리눔 독소 A는 나이가 들어 감에 따라 주름이 생기는 것을 막기 위해 미용 시술에 사용돼요. 하지만 치명적인 독이어서 단 1g만으로도 100만 명 이상을 사망에 이르게 할 수 있어요. 그래도 의학적으로 사용되는 것은 안전성이 증명되었어요.

## 주름이냐, 죽음이냐?

보톡스는 사람을 죽이는 것과 같은 방식으로 주름을 없애고 신체의 신경을 파괴해요. 보톡스는 박테리아(세균)가 만드는 독인데, 박테리아는 최대 85℃의 매우 높은 온도에서도 생존할 수 있는 포자를 만들 수 있어요. 따라서 음식이 익은 후에도 일부 음식에서 살아남을 수 있죠. 보톡스는 1700년대 독일에서 많은 사람이 소시지로 인한 중독으로 고통받은 후 발견되었어요. '보툴리눔'이라는 이름은 소시지를 뜻하는 라틴어에서 왔어요.

# 11 원자, 분자를 만들기 위해 '손을 잡다'

원자는 서로 뭉쳐서 분자를 만들어요. 분자는 같은 종류의 원자 또는 두 가지 이상의 다른 종류의 원자들로 만들어지죠. 이런 방법으로 (수소와 산소로만 이루어진) 물처럼 간단한 화합물부터 수백만 개의 원자로 이루어진, 생명체의 설계도를 담고 있는 DNA에 이르기까지 우주에 존재하는 모든 화합물이 만들어집니다.

## 전자는 원자의 '손'

거의 모든 원자는 화합물을 만들기 위해 다른 원자에게 주거나 다른 원자와 공유할 수 있는 전자를 가지고 있어요. 전자는 '껍질'이라고 불리는 정해진 궤도를 따라 원자의 중심에 있는 핵 주위를 돌고 있어요. 원자는 자신의 껍질에 담을 수 있는 최대 수의 전자를 가지고 있을 때 안정적이며, 구걸하거나 빌리거나 훔치거나 나눠 주어서 안정된 상태에 이르러요.

수소 원자는 전자가 하나이지만 두 개가 있을 때 안정적이에요. 두 개의 수소 원자가 모여서 전자를 공유하면 수소 분자가 만들어져요. 전자는 두 핵을 모두 돌아요.

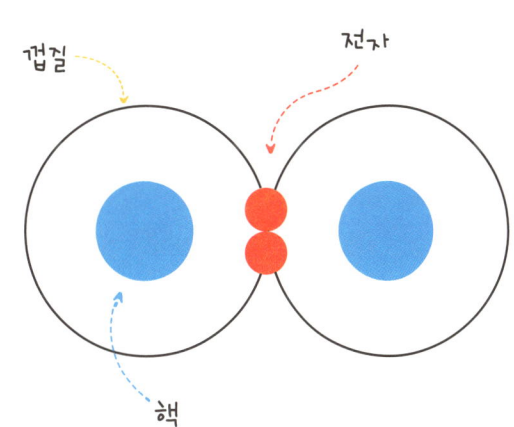

나트륨(소듐) 원자에는 여분의 전자가 하나 더 있고 염소 원자에는 전자가 하나 더 필요해요. 나트륨이 여분의 전자를 염소에게 내주면 두 원자가 모여서 염화 나트륨(소금)이 만들어져요.

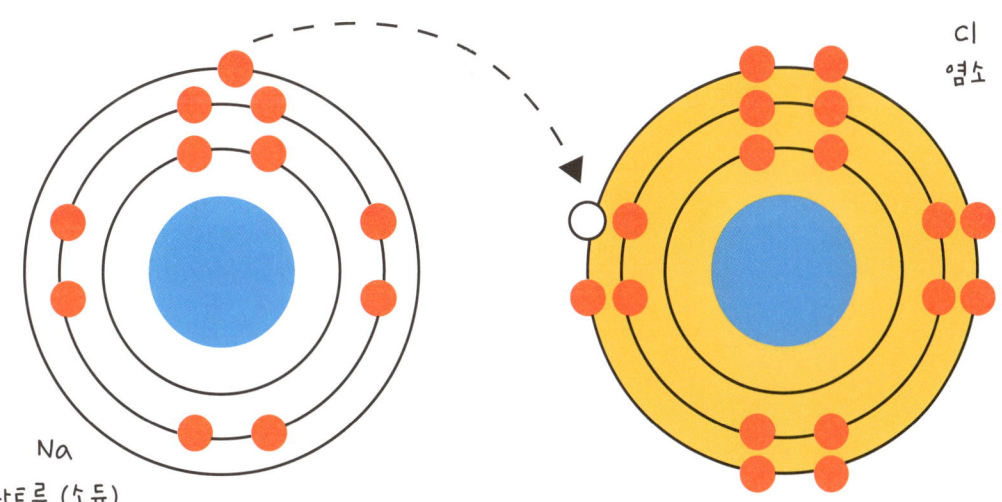

화학자들은 각 원자가 얼마나 많은 전자를 잃거나 얻고 싶어 하는지를 알고 있어요. 이를 원자가 가진 '손'의 수로 생각할 수 있지요. 산소는 두 개의 '손'을 가지고 있으므로 두 개의 수소 원자를 붙잡고 각각 전자를 공유해요. 이렇게 모든 원자를 만족시키면 물이 만들어져요.

# 12 사해에서는 몸이 가라앉지 않는다고?

사해에서는 수영을 못 하는 사람이라도 매우 안전해요.
무거운 짐으로 누르기 전에는 가라앉는 게 불가능하거든요.
사해는 염분이 매우 높아 일반 바닷물이나 인체보다
밀도가 높기 때문이에요.

## 아주 짜죠!

사해는 대부분의 바닷물보다 약 10배 정도 염도가 높아요. 사해 전체에는 약 370억 톤의 소금이 녹아 있는데, 이는 사람들이 수천 년 동안 먹을 수 있는 양이에요. 사해의 물 1kg을 증발시키면 약 250g의 소금이 남아요.

### 알고 있나요?

모든 식물과 동물은 같은 화학 물질로 구성되어 있어요. 조직만 다를 뿐이죠.

### 위로 떠받혀 주는 물질

물은 수소 원자 2개와 산소 원자 1개로 이루어진 분자로 이루어져 있어요. 소금(염화 나트륨)은 나트륨 원자 1개와 염소 원자 1개로 구성되어 있어요. 염화 나트륨은 물 분자보다 질량이 3배 이상 커요. 그래서 소금물은 보통 물보다 무겁지요. 같은 부피의 소금물은 같은 부피의 민물보다 질량이 크기 때문에 밀도가 높아요. 이는 민물보다 몸을 더 잘 지탱해 준다는 뜻이에요. 사해는 짠맛이 강하기 때문에 밀도가 더 높아서 대부분의 바닷물보다 몸을 더 잘 지탱해 줘요. 하지만 살기에는 좋지 않지요. 염분은 식물과 동물에게 좋지 않으며, 사해에서 살 수 있는 동물은 거의 없어요. 사해는 '죽은 바다'라는 뜻이에요.

# 13 전 세계 모든 금을 올림픽 국제 규격 크기의 수영장 4개에 넣으면

자리가 조금 남을 거예요! 올림픽 수영장의 최소 크기는 2,500m³예요. 전 세계의 모든 금을 녹여 하나의 정육면체로 만든다면 한 변의 길이는 21m가 될 거예요. 이것은 인류가 금을 사용하기 시작하면서부터 채굴한 모든 금의 양이죠. 물론 아직도 지하에는 더 많은 금이 매장되어 있어요.

## 정확한 금의 양

사실 역사적으로 사용된 금의 양과 사람들이 알지 못하는 곳에 숨겨져 있는 금의 양을 정확히 알 수는 없어요. 고대의 무덤에 숨겨져 있거나 비밀 은행 금고에 보관된 금도 있고, 심지어 집 안에 숨겨 놓은 금도 있으니까요. 아직도 땅속에는 우리가 채굴하지 않은 금이 52,000톤 정도 매장되어 있으리라 생각해요.

# 14 금이 든 휴대 전화

금은 전기가 통하지만 녹슬지는 않기 때문에 많은 전자 제품에 사용돼요.
금은 반응성이 없어서 다른 원소와 화합물을 형성해서 변하지도 않아요.
은은 색이 변하고 철은 녹이 슬지만, 금은 영원히 반짝이는 그대로 남아 있어요.
휴대 전화에는 일반적으로 약 0.03g의 금이 들어 있어요.

## 금의 재활용

금은 매우 귀중해서 그냥 버리지 않고 항상 재활용하여 사용해 왔어요. 지금의 금반지에는 한때 바이킹, 로마인, 중국 황제, 고대 이집트 공주가 착용했던 금이 들어 있을 수 있어요. 하지만 지금은 휴대 전화, 노트북, 기타 전자 제품에 소량의 금을 사용하고 있는데, 그중 많은 양이 나중에 제대로 회수되지 못하고 그냥 버려져요. 현재 사용되는 금의 약 10%가 전자 장비에 들어 있어요.

# 15 은하수는 라즈베리 맛이 난다고?

스페인에 있는 특수 전파 망원경은 과학자들이 우리 은하계(은하수)의 한가운데에 어떤 화학 물질이 있는지 관찰하는 데 도움이 돼요. 그들이 발견한 화학 물질은 '포름산 에틸'이에요. 포름산 에틸은 라즈베리 맛을 내는 화학 물질이죠. 은하계 한가운데를 핥을 수 있다면 아마도 라즈베리 맛이 날 거예요!

### 럼과 라즈베리

포름산 에틸은 또한 럼주에서 럼 냄새를 풍기게 해요. 따라서 약 26,000광년 떨어진 은하계 한가운데까지 갈 수 있다면 아주 익숙한 냄새와 맛을 느낄 수 있을 거예요. 코에 있는 수용체에 화학 물질이 작용하면 우리 뇌는 특정 냄새를 맡는다고 느껴요. 다양한 화학 물질이 자극한 수많은 수용체가 뇌에 신호를 보낼 수 있지요. 이 신호를 통해 우리는 은하계 한가운데에서 라즈베리 냄새를 떠올릴 수 있어요!

## 생명체 찾기

과학자들은 은하 한가운데에 초점을 맞춘 망원경으로 생명체에 필수적인 화학 물질을 찾고 있어요. 그들은 찾고자 하는 화학 물질을 발견하지는 못했지만, 은하계 한가운데에서 지구의 모든 어른이 향후 400조 년 동안 마시기에 충분한 양의 알코올을 발견했어요.

## 16 장갑을 끼고 금속을 잡으면 냄새가 나지 않는다

금속 자체는 냄새가 나지 않지만,
손에 묻은 기름과 반응하여 냄새가 날 수 있어요.

이 반응으로 피부에서 냄새를 풍기는 화학 물질이 만들어지지만, 장갑을 끼고 금속이 피부에 직접 닿지 않도록 하면 금속 냄새가 나지 않아요.

# 17 기후 변화에 (약간!) 책임이 있는 샌드위치

스펀지처럼 폭신폭신한 식감의 빵으로 샌드위치를 맛있게 만들어요.
그런데 빵 속의 공기 방울은 이산화 탄소예요.
이산화 탄소는 효모의 작용으로 반죽이 부풀어 오를 때 생겨요.
이 이산화 탄소는 온실가스이므로 지구 온난화에 영향을 주죠.

## 효모의 작용

효모는 곰팡이의 일종인 미생물(작은 생물)이에요. 빵을 만들려면 효모, 밀가루, 물을 섞어 반죽을 만든 후 효모가 일하도록 놔둬요. 효모는 밀가루의 탄수화물 가운데 일부를 분해하여 먼저 당분으로 만든 다음 다시 알코올과 이산화 탄소로 변화시켜요. 반죽 표면 아래에서 만들어진 이산화 탄소는 거품을 내요. 반죽이 너무 두껍고 끈적거리기 때문에 탄산음료의 공기 방울처럼 공기 방울이 표면으로 올라와 터지지 않아요. 대신 끈적끈적하고 쫄깃한 반죽 안에 공기 방울이 갇히게 되죠. 반죽이 익으면 이산화 탄소로 가득 찬 공기 방울은 빵 속에 갇혀요.

## 걱정하지 마세요!

빵 속의 이산화 탄소는 사람의 몸에 전혀 해롭지 않아요. 빵을 자를 때 노출된 공기 방울에서 이산화 탄소는 빠져나오고 동시에 공기가 그 안으로 들어가죠. 이산화 탄소는 해가 없어요. 또한 빵을 구울 때 발생하는 이산화 탄소는 기후 변화에 큰 책임이 없어요. 우리가 배출하는 이산화 탄소 중 아주 적은 부분에 불과하거든요. 오히려 빵을 구울 때보다 숨을 쉴 때 더 많이 만들어진답니다!

# 18 헬륨 풍선이 충분하면 하늘을 날 수 있다

헬륨 풍선을 손으로 들어 봤다면 다른 풍선과 달리 위로 둥둥 뜨는 것을 알 거예요. 헬륨 풍선은 보통 마일라(PET) 재질로 만든 반짝이는 호일 외피가 있어요.

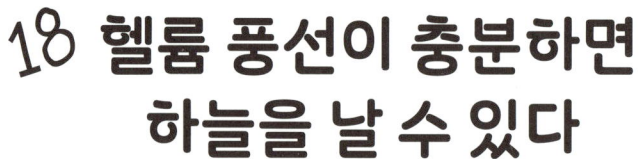

## 부피를 위한 부피

헬륨 원자는 우리 주변 공기 중의 모든 원자나 분자보다 작고, 헬륨은 공기보다 가벼워요. 헬륨 풍선이 뜨는 이유는 그것이 같은 부피의 공기보다 가볍기 때문이에요. 헬륨 풍선을 사용하여 몸을 띄우려면 풍선과 자기 몸의 무게가, 같은 부피의 공기 무게보다 적을 정도로 풍선을 충분히 사용해야 해요. 평균적으로 헬륨 풍선 1개는 약 14g을 들어 올릴 수 있어요. 따라서 몸무게가 28kg인 경우, 28,000÷14=2,000개의 헬륨 풍선이 필요해요.

### 탈출!

헬륨 원자는 매우 작아서 일반 라텍스(고무) 풍선 벽의 작은 틈새를 통과해요. 그래서 헬륨 풍선은 틈새가 더 작은 마일라(PET)로 만들어요. 마일라는 라텍스보다 훨씬 가벼워 떠오르는 데 도움이 돼요. 하지만 헬륨 원자는 매우 작기에 비록 라텍스 풍선보다 더 느리기는 하지만 마일라의 틈새를 통과하여 빠져나갈 수 있답니다. 체에 물을 붓는다고 생각해 보세요. 물은 곧바로 통과해요. 이제 체에 행주를 깔면 어떻게 될까요? 물은 여전히 통과하지만 훨씬 더 느리게 통과하죠.

# 19 닭 뼈를 휘게 만들 수 있고 치아와 사람의 뼈도 녹일 수 있는 콜라

콜라와 같은 탄산음료에는 인산과 구연산과 같은 산이 들어 있어요. 구연산은 오렌지주스와 레모네이드에도 들어 있어요. 시간만 충분하면 이러한 산은 치아와 뼈를 공격해요. 음식에서 나온 닭 뼈를 콜라 한 잔에 넣고 며칠 동안 그대로 두고 살펴보세요. 결국 구부러질 거예요!

### 묽은 산과 진한 산, 강한 산과 약한 산!

콜라를 마신다고 해서 치아가 구부러지거나 사라지는 것은 아니에요. 치아가 산에 오래 담겨 있는 건 아니니까요.

산의 효과는 산의 농도에 따라 달라져요. 그리고 산과 물이 얼마나 많으냐에 따라 달라지죠. 많은 양의 물에 산을 조금 넣으면 묽은 산이 돼요. 레모네이드가 묽은 산이죠. 톡 쏘는 맛은 산에 의해 생성되지만 해롭지는 않아요. 아주 적은 양의 물에 많은 산을 넣으면 진한 산이 만들어지는데, 강하고 진한 산은 매우 위험할 수 있어요. 자동차 배터리의 산은 위험해서 피부와 뼈뿐만 아니라 금속까지도 녹일 수 있죠.

화학자들은 산의 세기를 pH로 측정해요. pH가 낮은 액체는 산성, pH가 높은 액체는 알칼리성 또는 '염기성'(산과 반대되는 성질)이라고 해요. 물은 이 범위의 중간에 해당하죠. pH가 7인 물은 산성도 알칼리성도 아닌 중성이므로 원하는 만큼 마셔도 돼요. 강한 산은 pH가 매우 낮고, 약한 산은 pH가 7에 가까워져요.

# 20 녹슬어서 붉은 화성

화성은 '붉은 행성'으로 불려요. 망원경이나 맨눈으로 보면 붉게 보이거든요. 화성은 지구, 수성, 금성과 마찬가지로 암석으로 이루어져 있지만, 화성의 암석에는 금속인 철이 많이 포함되어 있어요. 철은 산소와 반응하여 산화 철, 즉 녹을 만들어 붉은색을 띠지요.

## 표면의 철

화성과 지구는 약 45억 년 전 같은 시기에 같은 물질로 만들어졌어요. 그러나 지구의 철은 대부분 가운데로 가라앉아 행성의 핵(14쪽 참조)이 된 반면에 화성은 더 작고 중력장이 약하기 때문에 철을 가운데로 많이 끌어당기지 못했어요. 화성의 핵에도 철이 많이 있지만, 표면 가까이에도 철이 많이 남아 있어요. 그런데 지난 수십억 년의 어느 시점에 그 철들이 녹슬어 버렸어요.

## 미스터리

철이 녹슬려면 산소에 노출되어 산소와 반응해야 해요. 이 과정을 산화라고 하죠. 그런데 화성을 녹슬게 하는 산소가 어디에서 왔는지 아무도 확실히 알지 못해요. 수십억 년 전 비가 내렸을 때 땅이 녹슬었을 가능성이 있어요. 또는 햇빛이 화성 대기의 이산화 탄소를 분해하면서 산소를 방출하여 행성을 녹슬게 했을 수도 있고요.

### 알고 있나요?

화성을 영어로 마스(Mars)라고 해요. 그리스 로마 신화에 등장하는 전쟁의 신 마르스(Mars)에서 왔죠. 그 이유는 화성이 붉게 보이기 때문이에요. 전쟁이라고 하면 우리는 붉은 피를 생각하잖아요.

# 21 유리는 모래로 만든다

사람들은 수천 년 전에 유리를 만드는 방법을 처음 발견했는데, 아마도 모래 위에 아주 뜨거운 것을 올려놓은 다음이었을 거예요. 대부분의 모래는 이산화 규소(실리카)로 되어 있고, 녹은 모래가 굳으면 유리가 돼요.

## 어디에나 있는 모래

이산화 규소는 지구상에서 가장 흔한 광물이며 어디에나 있어요. 이산화 규소가 모여서 암석의 일종인 석영이 되죠. 석영의 작은 부스러기가 지구 대부분의 모래 해변을 구성해요. 이산화 규소는 규조류라고 하는 작고 미세한 생명체가 스스로를 보호하기 위해 단단한 껍질을 만드는 데도 사용되는데, 이 껍질은 모래의 또 다른 일반적인 구성 요소죠.

## 결정 구조와의 작별

이산화 규소는 결정 구조가 있어 분자가 규칙적인 패턴을 형성해요. 이산화 규소는 1,700°C로 가열하면 녹아요. 분자는 다른 액체에서와 마찬가지로 특정한 형태 없이 자유롭게 움직여요. 하지만 이산화 규소 액체가 냉각되면 대부분의 다른 결정성 물질처럼 다시 정렬되지 못해요. 불규칙한 상태를 유지하며 유리가 되죠.

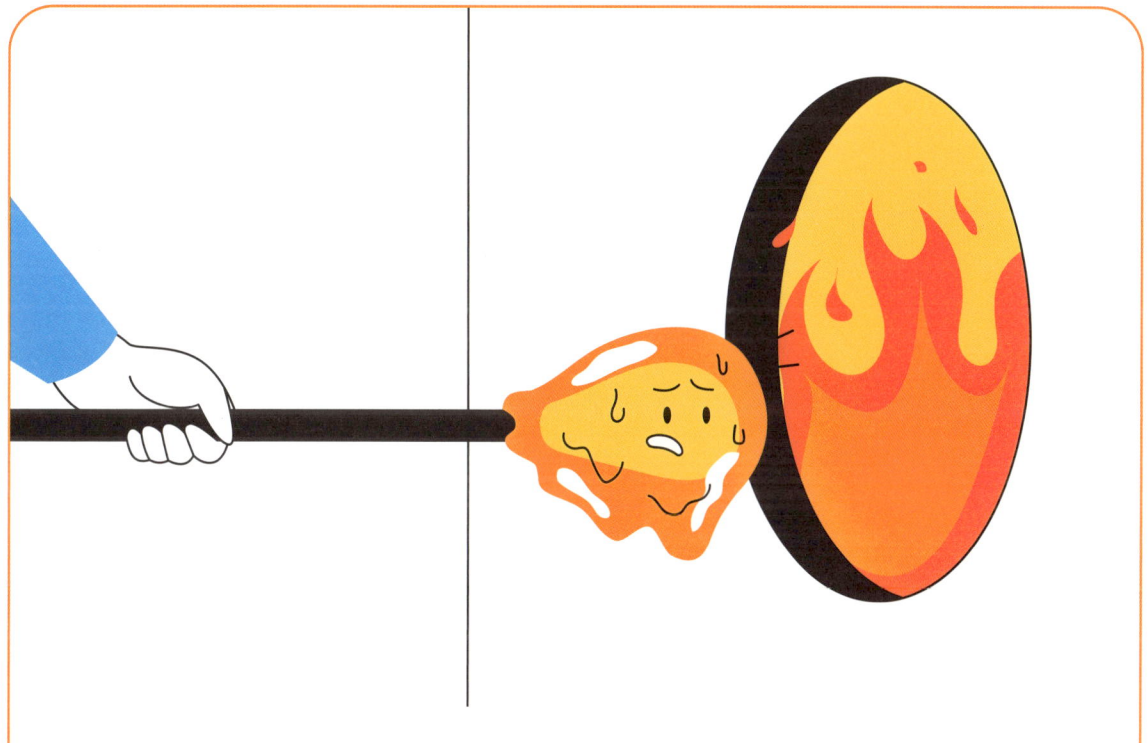

## 제대로 된 고체가 아닌 유리

유리는 바위처럼 단단해 보이지만 과학적 측면에서 보면 고체가 아니에요. 화학자들은 유리를 '비정질 고체'라고 부르는데, 이는 조직화된 형태를 유지하지 않는 고체를 말해요. 녹은 유리를 냉각하면 그 안의 분자의 움직임이 느려져 먼저 과냉각된 액체로 변해요. 과냉각된 액체란 어는점보다 낮은 온도에서 고체가 되지 않고 액체로 남아 있는 것을 말해요. 이 물질의 분자들은 액체처럼 질서가 없지만, 고체처럼 단단해요. 분자는 조금만 움직일 수 있는데, 더 냉각하면 분자는 불규칙한 상태로 얼어붙어요. 거의 움직이지는 못하지만 원래의 결정체처럼 멋지고 깔끔하지는 않죠.

# 22 기름이 거친 바다를 진정시킨다고?

예전에 선원들은 폭풍우가 몰아치는 바다에 식용유를 부어 바다를 잔잔하게 만들었다고 해요. 여기서 "출렁이는 바다에 기름을 부어라."라는 속담이 생겼지요. 통제할 수 없는 상황을 진정시키라는 뜻이에요.

실제로 폭풍우가 치는 바다에 기름을 부으면 효과가 있는 것 같아요. 심지어 허리케인의 발생도 막을 수 있어요. 일부 과학자들은 폭풍우가 몰아치는 수면에서 물방울이 공중으로 튀어 오르는 것을 막기 때문이라고 주장하죠.

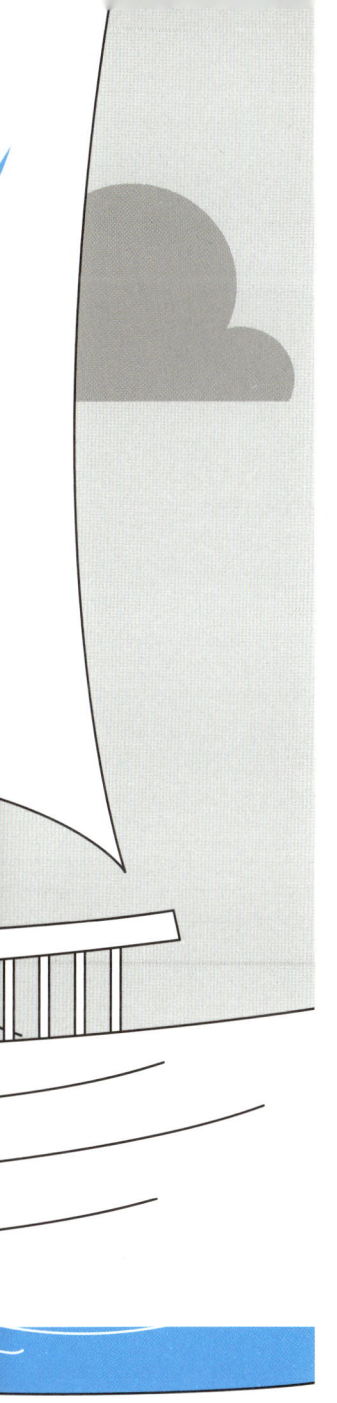

## 바다에서 공중으로

따뜻한 열대 바다에 바람이 불면 파도가 일어나고 물방울이 수면 위로 떠올라요. 이렇게 하면 물과 공기 사이에 공기와 물이 섞인 층이 만들어지죠. 작은 물방울 층을 타고 바람은 빠르게 움직여 바다와의 마찰을 줄일 수 있어요. 바람이 거세지면 파도가 더 커지고 물방울이 더 많이 생겨 폭풍이 계속되지요.

## 기름과 함께 나가기

선원들이 물 위에 기름을 부으면 표면에 매우 얇은 층을 형성하면서 기름이 퍼져요. 사실 기름은 두께가 분자 하나에 불과해질 때까지 퍼진답니다. 기름층은 물방울이 공기 중으로 못 빠져나가게 해요. 이 아이디어가 맞다면 풍속이 느려져 폭풍이 더는 생길 수 없게 되는 거예요.

해가 되지 않는 종류의 기름을 바다에 뿌려 물방울이 형성되는 것을 막으면 허리케인 발생을 막을 수 있을까요? 일부 사람들은 그럴 수 있다고 생각하지만, 아직 제대로 된 실험이 이루어지지 않았기 때문에 확신할 수 없어요.

# 23 눈에 보일 만큼 큰 분자

우리는 이걸 매일 봐요! 기술적으로 말하면 고무 타이어는 하나의 거대한 분자거든요. 많은 원자로 이루어져 있지만 대부분의 물체와 달리 모든 원자가 화학적으로 연결되어 하나의 분자를 만들어 내죠.

이 분자들은 바퀴만큼이나 커요!

## 결합하기

서로 다른 원소의 원자들은 종종 서로를 붙잡고 결합해서 분자가 만들어지죠. 분자의 화학명은 어떤 원자가 관련되어 있고 각각 몇 개가 있는지 알려 줘요. 예를 들어, 물의 화학식은 $H_2O$로 수소 원자 두 개가 산소 원자 하나에 붙어(결합하고) 있음을 알려 주죠. 생물에서 흔히 볼 수 있는 유기 화합물에서 탄소 원자는 수소나 다른 원자와 결합하여 수백 또는 수천 개의 원자로 이루어진 거대한 분자를 형성하는 경우가 많아요. 때로는 원자들이 모여 모노머(단량체)라고 하는 특정 구조의 그룹을 형성하고, 이 모노머들이 서로 연결되어 커다란 분자가 되기도 해요. 이러한 분자가 바로 폴리머(다량체)이며, 플라스틱이 여기에 포함되지요.

## 단단해지기

고무는 고무나무의 수액으로 만들어요. 우선 수액은 길고 끈끈한 분자를 형성해요. 1830년대에 찰스 굿이어는 고무에 유황을 첨가하면 유황 분자가 거대한 분자 사이에 결합을 형성하여 효과적으로 하나의 초분자가 된다는 사실을 발견했어요. 즉 가공된 고무 조각은 아무리 크더라도 실제로는 하나의 분자인 것이죠!

### 맛있는 폴리머

우리가 먹는 밥, 파스타, 빵, 감자에 들어 있는 탄수화물은 모노머인 당이 서로 연결되어 폴리머를 만든 거예요. 분자가 크기 때문에 소화하는 데 오랜 시간이 걸려서 빵은 설탕보다 더 오래 포만감을 유지해요!

# 24 세계에서 가장 느린 화학 실험은 1927년에 시작되었다

이 실험은 여전히 진행 중이에요. '피치 낙하' 실험은 피치가 액체라는 것을 보여 주기 위해 고안된 실험이에요. 피치는 타르로 만든 검은색 왁스 같은 물질인데, 단단해 보이고 망치로 깨뜨릴 수도 있어요. 하지만 화학자에게 피치는 아주 느리지만 흐르기 때문에 유체이죠.

## 장기적인 관점에서의 연구

피치 낙하 실험은 1927년 한 과학자가 시작했어요. 그는 피치를 가열하여 밀폐된 유리 깔때기에 넣고 3년 동안 가라앉도록 두었어요. 그런 다음 깔때기의 바닥을 잘라 내고 그 아래에 유리 비커를 넣어 떨어지는 방울을 잡았어요. 그리고 거의 100년이 지난 지금도 그렇게 하고 있는데, 지금까지 방울 9개가 생겼어요.

### 얽히고설켜 엉망진창

고체의 분자는 서로 붙어 고정되어 있어요. 고체에 결정이 있는 경우, 분자들이 같은 모양을 반복해서 만드는 규칙적인 구조를 '격자'라고 해요. 플라스틱과 같은 고체에는 격자는 없지만 긴 분자들이 결합하여 서로 붙어 있어요. 유체(액체 또는 기체)에서는 분자를 제자리에 고정하는 결합이 없으므로 물질이 자유롭게 흐를 수 있어요. 피치에는 긴 분자가 있지만, 그 사이에 결합이 없는 대신 엄청나게 얽혀 있어요. 이렇게 얽혀 있어서 피치는 흐르기 어려워요. 하지만 중력이 피치를 깔때기 바닥으로 끌어당기기 때문에 피치 분자들은 아주 천천히 자유롭게 움직일 수 있어요.

그런데 이 실험을 항상 지켜보고 있는 사람은 없어서 실험자가 방울이 떨어지는 장면을 놓치는 경우도 있어요.

# 25 강철이 고무줄보다 탄성이 강하다고?

강철을 늘리거나 비틀어 모양을 바꾸기는 어렵지만, 고무줄은 쉽게 늘어나요.
과학자에게는 강철이 더 탄력적이라는 뜻이에요!

## 탄성이 있다는 것

과학에서 '탄성'의 정의는 일반적인 정의와는 정반대예요. 탄성은 응력 대 변형률의 비율이에요. 잡아당기는 힘에 대해 강철은 힘에 잘 견디기 때문에 고무보다 변형이 적어요. 이러한 이유로 고무보다 더 탄력적이라고 하지요. 어떤 물체의 모양이 잘 변하지 않을수록 탄성이 높다고 할 수 있어요. 하지만 일상생활에서 우리는 '탄성'이라고 하면 쉽게 늘어나는 것을 생각해요.

# 26 금속 갈륨은 손에서 녹는다

대부분의 금속은 녹는점이 높아요. 상온에서 고체이므로 녹으려면 고온으로 가열해야 하지만 갈륨은 체온보다 낮은 약 30°C에서 녹아요.

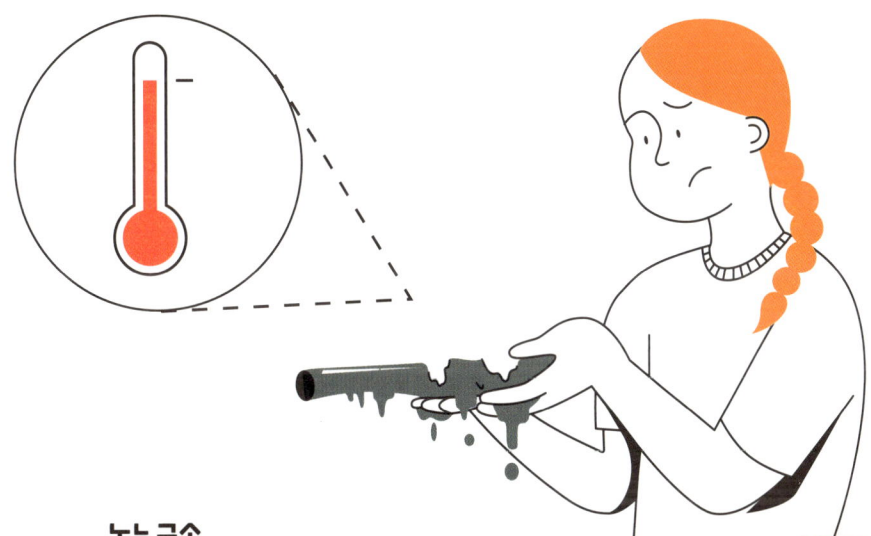

### 녹는 금속

고체 금속에서 원자 또는 분자는 결정격자라고 하는 규칙적인 패턴으로 배열되어 있어요. 금속이 가열되면 원자는 더 많은 에너지를 얻고 진동하다가 격자에서 빠져나오게 되지요. 금속은 고정된 형태가 없는 액체가 돼요. 대부분 금속의 경우 원자를 느슨하게 흔들려면 많은 에너지가 필요해요. 갈륨의 경우에는 원자 사이의 결합이 다른 많은 금속의 경우보다 약하기 때문에 더 적은 에너지로 (열을 가하지 않고도) 결합이 끊어지고 원자가 자유롭게 움직이게 되는 것이죠.

### 알고 있나요?

수은은 실온에서 액체 상태인 유일한 금속이에요.

## 27 물에 소금을 넣으면 물이 줄어든다고?

물 한 컵에 소금(염화 나트륨)을 한 줌 넣으면 물의 수위가 약 2% 낮아져요. 소금을 넣기 전까지는 물 분자가 완전히 무작위적이었는데 소금이 녹으면서 생성되는 나트륨과 염화물 이온을 중심으로 물 분자 일부가 스스로 정렬되기 때문이죠. 물이 질서 정연해지면 공간을 덜 차지하게 돼요.

## 무거운 바다

분명히 소금을 물에 녹이면 같은 질량의 물과 여분의 소금 질량이 포함되어 있어서 물이 무거워져요. 하지만 짠물은 짜지 않은 물보다 공간을 덜 차지하죠. 이것은 짠물이 일반 물보다 밀도가 높다는 것을 의미해요. 바다에서는 짠물이 바닥으로 가라앉아요. 바다 깊이에 따라 다른 온도, 해류, 강에서 유입되는 새로운 물 등 여러 요인들이 모두 섞여 혼란을 일으키지만, 일반적으로 바다 바닥의 물은 수면의 물보다 더 짠 편이에요.

## 28 물 1컵 + 모래 1컵 < 모래 물 2컵

같은 양의 모래와 물을 섞으면 부피가 두 배 이하로 줄어들어요.

### 모래 사이에

모래 알갱이 사이에 작은 틈이 있기 때문이죠. 모래 알갱이 사이는 보통 공기로 채워져 있어요. 모래에 물을 부으면 물이 공기가 차지하고 있던 자리로 흘러 들어가요. 그러면 모래 위에 남는 물의 양이 줄어들죠.

# 29 자동차 에어백 내부에서 일어나는 폭발

자동차의 에어백이 무엇인지 알고 있나요? 에어백은 충돌 시 자동으로 부풀어 올라 운전자와 조수석 승객을 보호하는 쿠션을 만드는 주머니예요. 에어백은 주머니 안에서 작은 폭발을 일으켜 작동해요.

## 결정적 순간

자동차가 충돌하면 매우 짧은 시간 동안 빠르게 움직이다가 멈추게 돼요. 즉 차가 매우 급히 감속(속도를 줄인다)하지요. 감속으로 인해 에어백의 센서가 작동하면 폭발성 화학 물질에 불을 붙이는 작은 발열체에 전기가 흘러요. 그리고 화학 물질이 연소하면서 엄청난 양의 가스가 발생하죠. 가스는 고체보다 훨씬 더 많은 공간을 차지하므로 순식간에 주머니를 가득 채워 풍선처럼 변해요. 에어백은 시속 320km 이상의 속도로 열리고, 주머니에 공기가 채워지는 데 40밀리초, 즉 25분의 1초밖에 안 걸려요. 사람이 자동차 대시 보드나 창에 부딪히기 전에 에어백이 열리는 거죠.

## 기체 주머니

에어백의 물질은 나트륨과 질소로 만든 화학 물질인 아자이드화 나트륨이에요. 소금과 비슷한 고체죠. 독성이 있지만, 주머니 안에 밀봉되어 있어요. 가열하면 아자이드화 나트륨은 나트륨과 질소로 바뀌어요. 공기 중에 많은 질소는 해가 없는 기체예요. 나트륨은 안전을 위해 첨가된 다른 화학 물질과 빠르게 결합하죠. 에어백은 거의 즉시 수축하고 질소는 에어백 주변의 작은 구멍을 통해 새어 나와요. 하지만 질소는 어차피 주변 어디에나 존재하기 때문에 전혀 문제가 되지 않아요.

# 30 천왕성, 냄새나는 행성

천왕성은 거대 얼음 행성이에요. 천왕성은 어는점이 약 -173°C 이상인 기체로 이루어져 있어요. 기체는 행성 중앙으로 갈수록 밀도가 높아져 액체와 슬러시 상태가 되기도 하지만 뚜렷한 고체 표면은 없어요. 기체의 맨 위쪽에는 구름층이 있고 구름에는 황화 수소가 풍부해요. 썩은 달걀에서 고약한 냄새를 내는 바로 그 화학 물질이죠. 이 냄새가 너무 강해서 천왕성으로 날아간다면 우주 헬멧을 통해서도 냄새가 들어올지 몰라요!

## 불이 잘 붙는 인화성 행성

거대한 기체 행성이 두 개 있어요. 목성과 토성이죠. 두 행성은 거의 전부가 수소와 헬륨으로 이루어져 있어요. 그리고 거대한 얼음 행성이 두 개 있어요. 천왕성과 해왕성이에요. 이 행성들에는 수소와 헬륨뿐만 아니라 무거운 기체도 많이 포함되어 있어요. 그 가운데 하나는 수소와 탄소로 이루어진 메테인이에요. 다른 하나는 수소와 질소로 이루어진 암모니아, 또 다른 하나는 수증기예요. 메테인은 아주 잘 타는 기체여서 우리는 메테인으로 가스레인지와 보일러를 작동시켜요. 다행히 천왕성과 해왕성에는 산소가 없지만, 산소를 공급하고 불이 켜진 성냥만 있으면 불이 붙을 거예요!

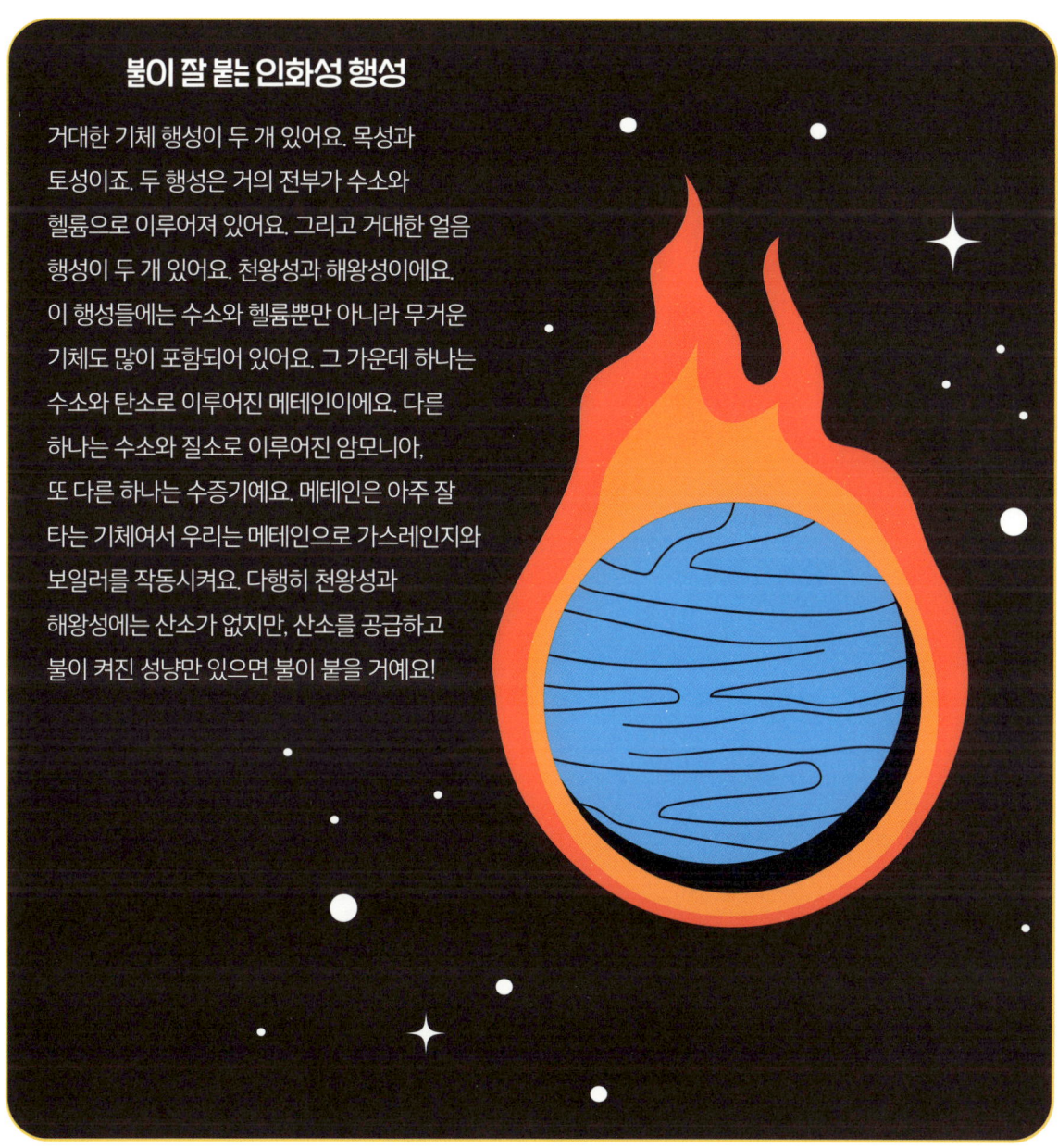

## 오줌과 달걀의 행성이라고요?

거대 얼음 행성에 있는 화학 물질 중 하나인 암모니아는 오줌에 들어 있어요. 사실 암모니아가 바로 오줌에서 냄새를 풍기는 거죠. 따라서 우주선이 썩은 달걀 냄새가 나는 구름층을 통과하면 오줌 냄새가 나고 여러분은 천왕성에 와 있는 거예요. 기분 좋은 냄새를 맡기 위해 방문하기에 좋은 행성은 아니죠!

# 31 우리가 납을 금으로 바꿀 수 있다고?

하지만 그럴 필요가 없어요. 수백 년 전 연금술사들은 납과 철 같은 값싼 금속을 값비싼 금으로 바꾸기 위해 온갖 기이하고 놀라운 실험을 했지만, 결코 성공하지 못했죠. 지금은 원자를 바꾸면 금을 만들 수 있지만, 그 결과로 만들어진 금값보다 그 과정에 들어가는 비용이 더 어마어마해요.

## 원자를 합치거나 부스러트리기

모든 원자의 중심에는 핵이 있어요. 전자는 핵 주위에서 멀리 떨어져 돌죠. (핵이 농구공 크기라면 가장 가까운 전자는 3km 떨어진 곳에서 돌고 있을 거예요!) 원자핵은 양성자와 중성자라는 두 가지 종류의 알갱이로 되어 있어요. 핵에 들어 있는 양성자의 수에 따라 다른 원소가 되죠. 양성자가 수소에는 1개, 탄소에는 6개, 금에는 79개, 납에는 82개 있어요. 과학자들은 입자 가속기라는 거대하고 강력한 기계를 사용하여 원자를 합치거나 산산조각 낼 수 있어요. 그들은 납 원자에서 양성자 3개를 떼 내서 금 원자로 바꿀 수 있답니다.

내가 부서지는 것 같네요!

### 무거운 물건

입자 가속기는 자연에서 발견되는 것보다 더 큰 원자를 만들 수도 있어요. 이 원자들은 방사성 붕괴라는 과정을 통해 아주 빠르게 다시 분해돼요. 방사성 원소의 원자에서 조각이 떨어져 나가면서 한 원소에서 다른 원소로, 하지만 이번에는 원자가 더 작고 가벼운 원소로 바뀌어요. 방사성 원소 샘플의 절반이 다른 원소로 바뀌는 데 걸리는 시간을 반감기라고 해요.

### 알고 있나요?

수소 원자에는 중성자가 없어요. 수소 원자는 중심에 양성자 한 개와 그 주변을 돌고 있는 전자 1개가 있을 뿐이에요. 꼭 필요한 것만 남긴 알뜰한 원자지요!

# 32 눈앞에서 사라지는 원소

방사능이 너무 강해서 매우 빠르게 다른 원소로 붕괴하는 원소도 있어요. 예를 들어 리버모륨의 반감기(53쪽 참조)는 0.06(100분의 6)초예요.

### 속임수

과학자들은 핵의 중성자 수가 다른 변종 원소를 만들어 더 불안정한 원자를 만들 수 있어요. 이를 동위 원소라고 해요. 많은 동위 원소가 자연에 있지만, 인공 동위 원소의 반감기는 너무 짧아서 거의 없다고도 할 수 있어요. 일부는 만들어지고 바로 분해되죠. 가장 불안정한 동위 원소는 반감기가 0.000000000000000000000001초 미만이에요.

# 33 아스타틴은 방사능이 너무 강해 스스로 기체로 변한다

지구에서 자연적으로 발생하는 원소 중 아스타틴은 가장 희귀한 원소예요. 아스타틴은 방사능이 너무 강해서 큰 덩어리로 모을 수 없어요. 방사성 붕괴가 일어날 때 발생한 에너지가 덩어리를 순식간에 기체로 바꾸어 없애 버리거든요.

### 원자의 에너지

원자는 변화하면서 에너지를 방출해요. 어떻게 얼마나 빨리 변화하느냐에 따라 발생하는 에너지는 달라지죠. 방사성 붕괴 때 발생하는 에너지는 발전소를 가동하고 폭탄을 폭발시킬 수 있어요. 아스타틴은 붕괴하면서 너무 많은 에너지를 방출하기 때문에 그 덩어리가 끓는점까지 가열되어 가스 구름으로 사라지므로 아스타틴 덩어리는 구할 수가 없어요. 그래서 화학자들은 그것이 금속인지 아닌지조차 확신하지 못하죠. 아스타틴 동위 원소 가운데 수명이 긴 것의 반감기는 8시간이에요. 가장 짧은 것의 반감기는 1초 미만이고요.

# 34 구운 케이크는 다시 반죽이 될 수 없다고?

우리는 일상생활에서 매일 화학 반응과 화학 과정을 경험해요. 이 중 일부는 되돌릴 수 있는 가역적인 것도 있고 그렇지 않은 것도 있죠. 케이크를 굽는 과정은 비가역적이에요. 완성된 케이크 반죽에서 일어난 반응은 되돌릴 수 없기 때문이지요.

## 시간 되돌리기

설탕을 물에 녹이는 것은 되돌릴 수 있는 과정이에요. 설탕과 물을 다시 얻을 수 있으니까요. 설탕물을 끓여서 증기를 모으면 다시 물로 응축되고 설탕은 결정으로 나타나요. 이것은 물과 설탕이 변하지 않고 단지 분자 수준에서 서로 섞여 있을 뿐이기 때문이에요. 이는 화학적 변화가 아닌 물리적 변화랍니다.

## 영원한 변화

되돌릴 수 없는 화학적 변화도 있어요. 예를 들어 종이를 태우거나 케이크를 구우면 화학 물질이 영구적으로 변해요. 종이는 주로 탄소, 수소, 산소로 이루어진 화합물이 특정 패턴으로 결합된 긴 분자의 셀룰로스인 목재 펄프로 만들어요. 종이를 태우면 대기 중의 산소가 셀룰로스의 탄소와 결합하여 이산화 탄소를 만들고, 또한 수소와 결합하여 물(수증기)을 만들어요. 이렇게 화학 물질이 변한 후에는 다시 셀룰로스로 되돌릴 수 없어요. (하지만 식물은 이것을 할 수 있어요! 식물은 대기 중의 이산화 탄소와 땅속의 물을 흡수하여 당분을 만든 다음 나중에 셀룰로스로 변화시켜요.)

케이크를 구우면 재료의 단백질과 기타 큰 분자가 열에 의해 변화해요. 예를 들어 액체 상태의 달걀이 고체로 변하는 등 단백질의 상태가 변하고 원래의 모양으로 되돌릴 수 없지요.

# 35 태양에서 처음 발견된 헬륨

지구에는 헬륨이 많지 않지만 태양에는 풍부해요. 이 원소는 1868년 태양에서 나오는 빛의 패턴을 관찰하던 화학자들이 처음 발견했지요. 그들은 새로운 종류의 기체가 존재한다는 것을 알아내고 '헬륨'이라고 불렀어요. '태양'을 뜻하는 그리스어 '헬리오스'에서 온 이름이랍니다.

## 더 많이 만들기

헬륨은 다른 원소의 방사성 붕괴로 자연적으로 땅속에서 생성돼요(53쪽 참조). 지구의 지층, 암석, 지각의 원소 변화로 더 많은 헬륨이 꾸준히 만들어진다는 뜻이지요. 헬륨 원자는 작고 가볍기 때문에 쉽게 상승했다가 우주로 빠져나가므로 '금방 있다가도 사라지는' 성질이 있죠. 물론 사람이 지구에서 헬륨을 수동으로 추출하는 경우는 예외랍니다.

# 36 헬륨은 유리를 타고 올라가서 탈출한다

다른 기체와 마찬가지로 헬륨도 충분히 낮은 온도로 냉각하면 액체가 돼요. 차갑게 유지된 다른 액체 상태의 기체는 우리가 예상하는 방식으로 그릇에 담겨 있어요. 하지만 헬륨은 달라요. 헬륨은 극도로 차가워지면 비커의 측면을 기어 올라가 빠져나가서 기괴한 방식으로 행동하는 '초유체'가 돼요.

## 위로 그리고 넘어서

영하 270°C까지 차가워진 헬륨은 몇 가지 기묘한 행동을 해요. 이 액체는 점도가 0으로 두께나 끈적임이 전혀 없어요. 원자들은 서로 밀어내기 시작해요. 원자들이 최대한 멀리 떨어지면서 그릇의 가장자리에서 안쪽 벽면을 따라 기어 올라가요. 그런 다음 바깥쪽 벽면을 따라 내려가고 바닥에 물방울처럼 떨어지죠. 마치 단단한 그릇을 통해 헬륨이 새는 것처럼 보여요!

# 37 사람들을 파멸로 이끈 신비한 불꽃

전설 속의 '도깨비불'은 늪지대에 갑자기 나타나는 섬뜩한 불꽃이에요. 불꽃을 따라가던 사람들이 늪에 빠져 죽었다는 이야기는, 악령이 그들을 죽음으로 이끌었다는 전설로 이어지기도 하죠. 하지만 불꽃은 전적으로 자연적인 현상이에요. 습지 가스가 연소하면서 발생하는 이상한 화학 현상이죠.

## 치명적인 기체

식물이나 동물 같은 유기물이 썩으면 여러 종류의 기체가 방출돼요. 그중 하나인 메테인은 우리가 (가스 또는 전기) 레인지와 가스 난로에서 태우는 기체와 같아요. 다른 하나는 인이 들어 있는 포스핀 가스예요. 포스핀은 공기 중의 산소와 접촉하면 자동으로 불이 붙는데 이 불은 조금만 있어도 메테인에 불을 붙일 수 있어요. 그 결과 밤에 늪지대를 돌아다니는 듯한 으스스한 불꽃이 만들어진답니다.

## 뜨겁거나 차가운 불

우리는 불이 항상 뜨겁다고 생각하지만, 물질마다 연소하는 온도가 달라요. 적절한 온도로 가열하면 불을 붙이지 않아도 저절로 연소하는 물질이 많아요. 예를 들어 종이는 233°C에서 저절로 불이 붙어요. 포스핀은 낮은 온도에서 불꽃을 일으킬 수 있어서 바깥의 늪지대 같은 습지에서 차가운 불이 발생해요!

### 알고 있나요?

불꽃은 연소하는 기체일 뿐이에요. 불꽃은 보통 600°C에서 3,000°C 이상까지 다양한 온도에서 연소해요. 파란색 불꽃은 일반적으로 노란색 불꽃보다 더 뜨거워요.

# 38 인은 오줌에서 처음 발견되었다

어떤 독일 화학자가 거대한 통에 담긴 오줌을 증발시켜서 인을 발견했어요.
연금술사들이 납을 금으로 바꾸기 위해 찾던 전설적인 물질인
'철학자의 돌'을 만들려고 시도하던 중이었죠.

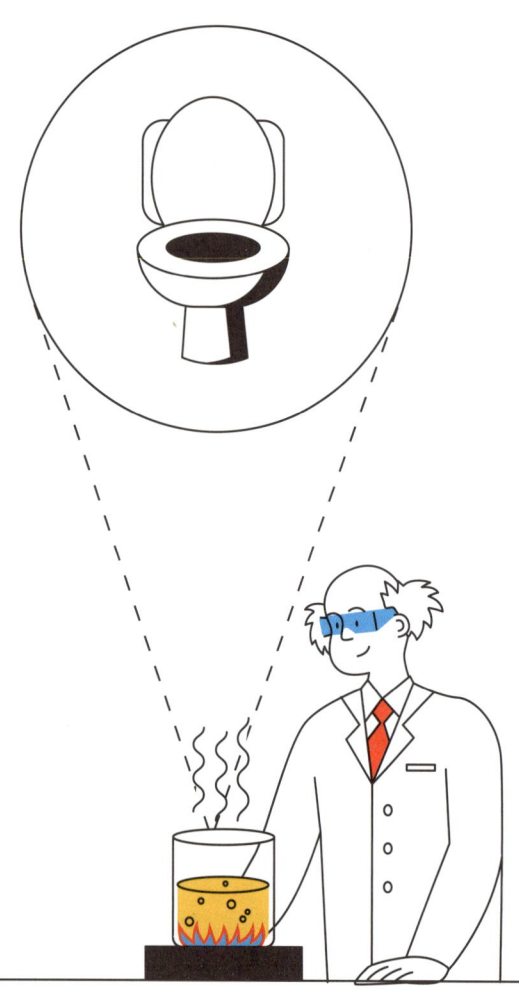

## 불타는 인

1669년 헤닝 브란트는 오줌이 모두 증발할 때까지 끓인 다음에도 남는 물질을 고온으로 가열했어요. 그러자 빛나는 연기가 피어오르고 액체가 떨어지면서 불길이 치솟았죠. 그는 이 액체를 모아 식히면 빛을 내는 고체로 변한다는 사실을 발견했어요. 이렇게 발생하는 빛을 '인광'이라고 해요. 하지만 어떤 인은 위험하며 자연 발화할 수 있어요. 많은 초기 화학자들이 그런 인을 가지고 다니다가 다쳤답니다.

## 왜 오줌일까요?

인은 생명체에게 중요한 화학 물질이에요. 우리 몸은 에너지를 생산하고, 단백질과 지방을 만들고, 체액을 조절하고, 신경 자극을 전달하고, 뼈를 구성하고, 노폐물을 배설하는 등 다양한 용도로 인을 사용해요.

# 39 곰 화석이 무기를 만드는 데 사용되었다고?

인의 쓰임새 중 하나는 폭탄을 만드는 것이에요. 제1차 세계 대전 당시 폭탄 제조에 필요한 인을 얻기 위해 동굴 곰의 화석 뼈 수백 개를 끓여서 파괴했어요. 동굴곰은 수천 년 전 유럽에 살았던 거대한 곰 가운데 하나예요.

### 폭탄과 뼈

뼈는 콜라겐이라는 단백질이 연결되어 만들어져요. 이때 인산 칼슘이라는 미네랄이 구조를 단단하게 만들죠. 음식에 칼슘과 인이 있어야 건강한 뼈가 만들어져요. 동굴곰도 마찬가지였어요. 동물이 죽은 후 뼈가 화석이 되었을 때 단백질은 분해되고 남지 않았지만, 인산 칼슘은 남아 있었답니다.

# 40 금속을 태우면서 빛을 발하는 불꽃놀이

금속의 염(salt)은 다양한 색깔의 밝은 불꽃으로 타올라요. 이러한 염은 불꽃놀이의 장관을 연출하는 데 사용되지요. 불꽃이 하늘로 치솟아 폭발하는 '펑'하는 소리는 화약 때문이지만 화려한 불꽃을 위해서는 다른 무언가가 필요해요.

## 올라갑니다!

점화용 종이에 불을 붙이면 폭죽 안에 들어 있는 화약에 불이 붙어요. 화약이 폭발하면서 많은 양의 기체가 매우 빠르게 발생하여 폭죽 뒤쪽으로 밀려 나오죠. 이때 폭죽이 올바른 방향을 가리키고 있다면 위쪽을 향해 발사돼요. 그리고 공중으로 올라가서 타오르기 시작하죠.

## 반짝이는 무지개

폭죽 튜브 안은 화약이 많이 들어 있는 부분, 모든 화학 물질을 하나로 묶어 주는 바인더, 연소 속도를 조절하는 화학 물질, 다양한 불꽃으로 타는 금속염이 들어 있는 부분으로 나뉘어 있어요. 불꽃 기술자는 붉은 불꽃을 만들려면 스트론튬염, 녹색을 더하려면 바륨염, 파란색은 구리염, 노란색은 나트륨, 금색은 철, 흰색은 마그네슘이라는 금속염을 선택합니다.

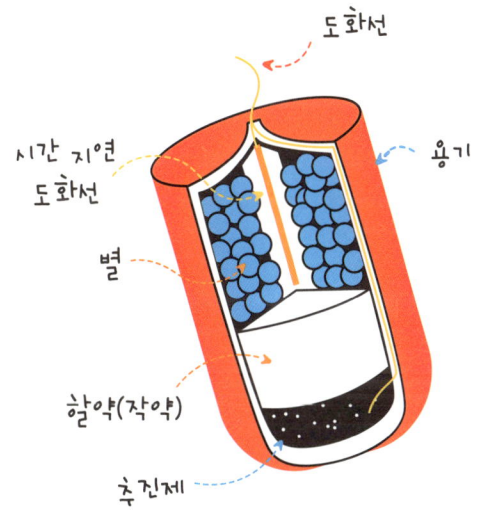

도화선
시간 지연 도화선
용기
별
할약(작약)
추진제

## 땅 위에서 하는 불꽃놀이

모든 불꽃놀이가 하늘로 발사되는 것은 아니에요. 일부는 땅에 서서 위에서부터 타올라요. 화약이 타면서 생성된 기체가 상단에서 나오면서 불타는 조각을 함께 운반하여 밝은 빛의 분수를 만들어요. 폭죽에 혼합된 화학 물질은 모든 것이 타는 속도를 조절할 수 있어요. 손에 들고 사용하는 스파클러 폭죽은 화약과 마그네슘염으로 코팅된 철사로 만든 휴대용 불꽃놀이로 화려한 흰색 빛과 함께 천천히 타올라요.

# 41 화학의 수수께끼를 풀어 준 뱀 꿈

화학자 아우구스트 케쿨레는 수수께끼 같았던 중요한 분자의 구조를 사실 몽상으로 풀었어요. 그는 머릿속에서 뱀이 원을 그리며 자신의 꼬리를 물고 있는 모습을 보고 그 분자의 원자들이 뱀처럼 고리 모양으로 배열되었음을 깨달았답니다.

## 수수께끼의 독

벤젠은 자연적으로 발생하는 화학 물질로 플라스틱과 여러 가지 재료를 만들기 위해 산업에서 많이 사용돼요. 벤젠은 물 위에 뜨는 유독성 액체인데 물에 녹지 않고 물보다 밀도가 낮아요. 화학자들은 오래전에 벤젠이 탄소와 수소로만 이루어진다는 사실을 알아냈지만, 벤젠 분자의 원자가 어떻게 배열되어 있는지는 밝혀내지 못했어요. 이 분자는 탄소 원자 6개와 수소 원자 6개를 가지고 있어요. 탄소는 4개의 '손'이 있어 다른 원자 4개에 붙기를 좋아하고, 수소가 '손'이 1개만 있다는 것을 모든 화학자들은 알고 있었어요(20쪽 참조). 벤젠은 안정한 화합물이기 때문에 모든 원자가 원하는 결합을 다 하고 남는 손이 없어요. 이것이 어떻게 가능할까요?

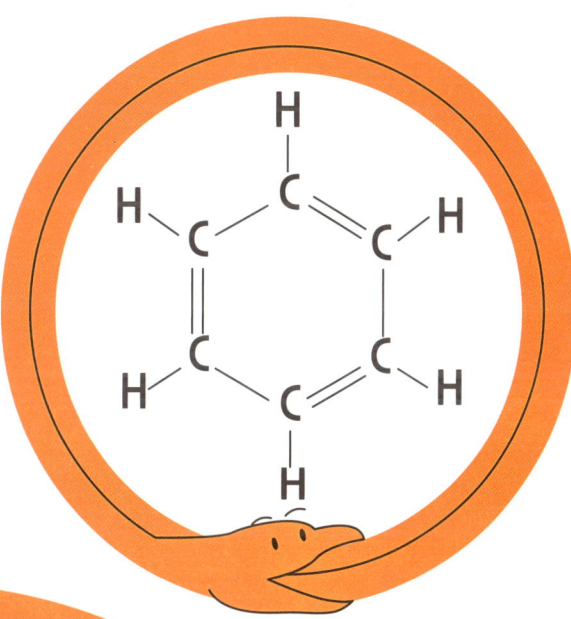

### 뱀 아이디어

케쿨레는 벤젠의 구조 문제를 고민하다가 뱀 아이디어를 떠올렸어요. 그는 탄소 원자 6개를 원으로 배열하고 각각 원 바깥의 수소 원자 1개와 결합시켰어요. 그 결과 각 탄소 원자는 인접한 탄소 원자와 결합할 수 있는 3개의 '손'을 갖게 되었지요. 한쪽에서는 탄소 원자가 한 손을 내밀고 다른 쪽에서는 두 손을 내밀었어요.

화학자들은 종종 벤젠의 모양을 이렇게 그리곤 하죠.

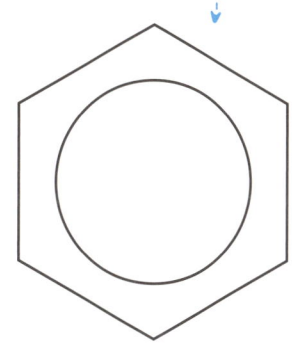

# 42 어떤 금속은 물에서 폭발한다

금속 칼륨과 금속 나트륨은 물과 격렬하게 반응하기 때문에 물에 닿으면 화염을 일으켜요.
이 두 금속은 반응성이 매우 강한 원소여서 병 속의 기름에 푹 담가서 보관해요.
그렇지 않으면 병 안의 공기와 반응하거든요.

## 여분의 전자

나트륨과 칼륨은 모두 원소 주기율표의 첫 번째 열에 속해요. 이 열에 있는 원소들은 원자의 가장 바깥쪽에 '여분의 전자'를 하나씩 가지고 있어요. 원자의 전자는 모두 원자핵 주위를 돌지만 원자핵과의 거리는 서로 달라요. 전자는 아무 데나 도는 게 아니라 정해진 영역에서 도는데, 이것을 궤도라고 해요. 궤도는 '껍질'이라고 불리는 그룹으로 배열돼요. 원자에 가장 가까운 껍질에는 전자가 두 개만 들어갈 수 있는 공간이 있어요. 그다음 껍질에는 8개의 전자를 위한 공간이 있지요. 전자는 안쪽 껍질부터 채우고 점차 바깥쪽 껍질을 채워요. 전자가 많은 원자는 많은 껍질을 채울 수 있으므로 더 커요.

원자는 가장 바깥쪽을 차지하고 있는 껍질에 여분의 전자가 없을 때 가장 안정적이에요. 그리고 가장 바깥쪽 껍질에 전자가 하나만 있을 때 가장 반응성이 높아요. 남는 전자를 제거하면 원자는 안정적이 되므로 여분의 전자를 제거하는 반응에 쉽게 들어가요.

## 물속에서 휘젓기

칼륨과 나트륨을 물에 넣으면 여분의 전자가 제거돼요. 물과 반응하여 새로운 화합물(수산화 칼륨 또는 수산화 나트륨)을 만들고 수소 기체를 방출하기 때문이죠. 이 반응은 열을 발생시키고 수소는 가연성이 매우 높아요. 그래서 열이 수소에 불을 붙여서 우리가 보는 폭발을 일으키죠.

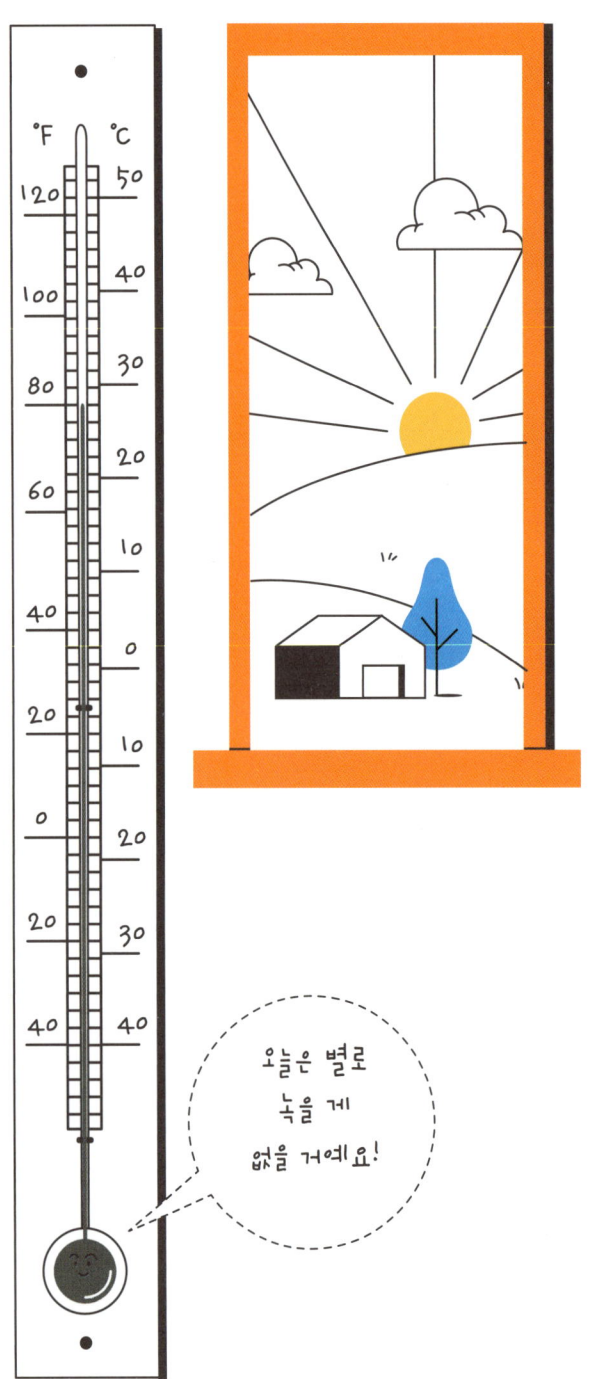

# 43 실온에서 액체 상태인 원소는 두 가지뿐이라고?

수은과 브로민만이 실온에서 액체인 원소예요. 어떤 물질이 특정 온도에서 고체인지, 액체인지, 기체인지는 녹는점과 끓는점에 따라 달라져요.

### 어떤 상태일까요?

대부분의 원소는 실온에서 고체이지만 11가지 원소는 기체예요. 실온에서 액체인 두 원소는 원자 간의 결합이 약해요. 물질이 가열되면 원자는 더 많이 진동하죠. 원자를 고체 구조로 고정하는 결합이 약하면 곧 끊어져 원자가 자유롭게 움직일 수 있어요. 이것이 액체의 특징이죠. 브로민과 수은을 녹는점과 어는점 이하로 냉각하면 고체가 돼요.

## 온도 측정하기

수년 전 온도계는 유리관 안에 수은 기둥을 넣고 섭씨(℃) 또는 화씨(℉) 단위로 표시된 눈금을 그려서 만들었어요. 온도가 상승함에 따라 수은 원자는 많이 흔들리고 서로 부딪히거나 다른 원자를 밀쳐 내요. 더 많이 움직일수록 많은 공간을 차지하죠. 즉 온도계의 수은이 팽창하고 기둥의 높이가 높아지며 눈금이 위로 올라가 온도를 표시해요.

## 결합된 상태로 존재하기

브로민은 반응성이 매우 강하기 때문에 갈색 액체 상태로 존재하지 않아요. 대신 다른 원소와 함께 염을 형성하죠. 우리가 사용하는 대부분의 브로민은 바닷물에서 추출해요. 수은도 보통 암석 속에 갇혀 있는 상태로 발견되죠. 금속 광석을 태우면 수은이 방출된답니다.

### 알고 있나요?

예전에는 수은을 영어로 '살아 있는 은'이라는 뜻의 '퀵실버'라고 했어요. 수은 덩어리가 미끄러지듯 움직이기 때문에 이런 이름이 붙었죠.

## 44 야광봉은 화학적으로 빛을 만든다

야광봉이나 야광 팔찌를 사용한다면 여러분은 빛 에너지를 만드는 화학 반응을 활용하는 거예요. 화학 반응에서 나오는 빛을 '화학 발광'이라고 하죠.

## 열인가요, 빛인가요?

화학 반응에서는 원자 사이의 결합이 끊어지거나 만들어져요. 원자 사이의 결합을 끊으려면 에너지가 필요해요. 산호와 조개껍질을 형성하는 탄산 칼슘은 산화 칼슘과 이산화 탄소로 분해돼요. 기후 변화로 바다가 뜨거워지면 이 분해 작용이 더욱 빨라지죠. 반대로 원자 사이의 결합을 만들면 에너지가 방출돼요. 반응이 에너지를 생산하는지 소모하는지는 끊어진 결합(에너지 사용하기)과 형성된 결합(에너지 생산하기) 사이의 균형에 따라 달라져요. 생성된 에너지는 보통 열로 방출되지만 때로는 빛 에너지로 방출되기도 해요. 이것이 바로 야광봉이 빛나는 이유예요.

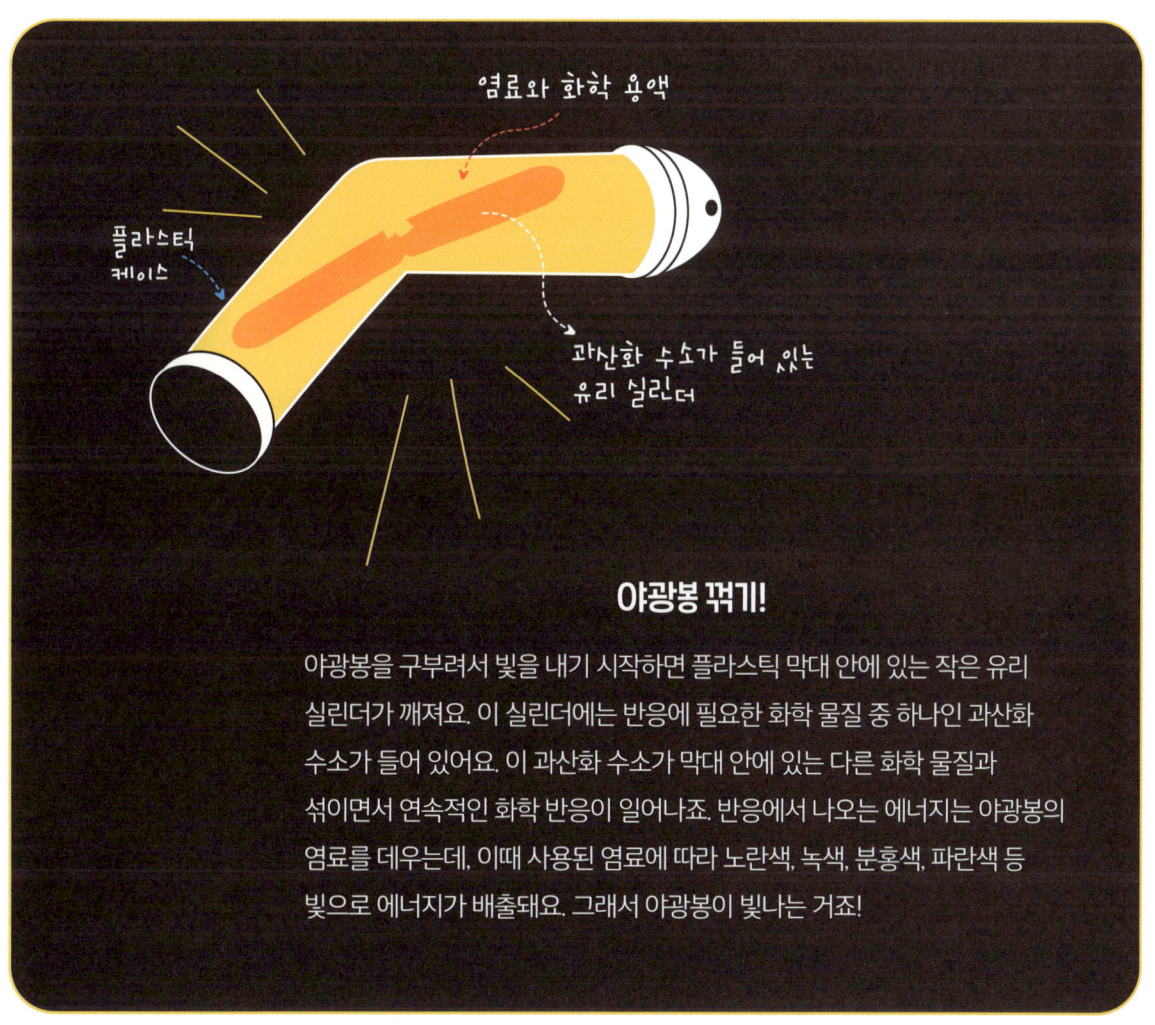

## 야광봉 꺾기!

야광봉을 구부려서 빛을 내기 시작하면 플라스틱 막대 안에 있는 작은 유리 실린더가 깨져요. 이 실린더에는 반응에 필요한 화학 물질 중 하나인 과산화 수소가 들어 있어요. 이 과산화 수소가 막대 안에 있는 다른 화학 물질과 섞이면서 연속적인 화학 반응이 일어나죠. 반응에서 나오는 에너지는 야광봉의 염료를 데우는데, 이때 사용된 염료에 따라 노란색, 녹색, 분홍색, 파란색 등 빛으로 에너지가 배출돼요. 그래서 야광봉이 빛나는 거죠!

# 45 칼로 자를 수 있는 금속

나트륨과 칼륨은 금속이지만 매우 부드럽고 반응성이 뛰어나요(68쪽 참조). 너무 부드러워서 일반 부엌칼로 잘라 낼 수 있을 정도예요.

### 느슨한 전자

나트륨과 칼륨은 물과 공기 중의 산소와 쉽게 반응하는 것 같은 이유로 부드러워서 칼로 쉽게 자를 수 있어요. 원자의 바깥쪽 가장자리에 여분의 전자가 있어서 금속 덩어리의 원자 사이의 결합이 약하거든요. 원자들이 느슨하게만 결합되어 있기 때문에 원자를 분리하는 게 매우 쉽죠. 이를 금속 덩어리 전체로 확대하면, 원자들이 서로 달라붙으려 하지 않기 때문에 원자 사이로 칼을 밀어 넣기가 쉬워서 금속 덩어리를 쉽게 자를 수 있습니다.

## 46 두 개의 고체가 액체를 만든다고?

나트륨과 칼륨으로 'NaK'라는 합금(혼합 금속)을 만들 수 있어요. 이 합금은 원자 사이의 결합이 훨씬 느슨하여 상온에서 액체가 되는 경우가 많아요.

### 묽은 합금

혼합물에 칼륨이 40~90% 함유되어 있으면 액체가 되고, 물보다 밀도가 낮아서 반응성이 높지 않다면 물 위에 떠 있을 거예요. 하지만 실제로는 칼륨과 나트륨처럼 물에서 연소할 뿐이에요. 또한 공기와 반응하여 때때로 폭발하기도 하므로 기름이나 탄화수소 액체에 보관해야 해요.

# 47 물이 거의 없는 눈 더미

1cm의 비는 15cm의 눈과 같아요. 눈송이 사이에는 공기가 많고 구성 성분인 물보다 눈이 더 큰 부피(공간)를 차지하기 때문이에요.

### 움푹움푹, 움푹

눈 위를 걸어 본 적이 있다면 발자국이 깊게 찍히는 것을 보았을 거예요. 발밑의 눈이 몸의 무게에 눌려 눈송이 사이의 공기를 짜 내보냈기 때문이에요. 발자국은 압축된 눈 또는 서로 밀착된 눈으로 채워져 있어요. 눈송이는 뾰족한 모양으로 떨어질 때 서로 잘 맞지 않기 때문에 새로 내린 눈에는 많은 양의 공기가 갇혀 있지요. 눈은 얼음 결정(눈송이), 물(일부가 녹은 곳), 공기가 혼합된 것이에요.

## 48 눈은 시끄럽다?

푹신푹신한 눈 위를 걸으면 보통 소리가 나지 않아요. 눈이 차갑거나 뭉쳐 있으면 밟을 때 소리가 나죠. 눈이 따뜻할수록 얼음 결정 주위에 액체 상태의 물이 많이 존재해요. 물은 얼음 결정이 서로 미끄러지도록 도와줘요. 물이 적을 때는 얼음 결정을 밟으면 결정이 깨지면서 보통 삐걱거리는 소리가 나요. 단단하게 쌓인 눈에서는 얼음 알갱이가 서로 붙어 있어요. 얼음 알갱이를 밟으면 결정 사이의 결합이 깨지면서 다른 소리가 나죠. 이번에는 뽀드득뽀드득해요!

뽀드득!

# 49 잠수부는 피가 부글부글 끓을 수 있다

이건 안 좋은 일이죠! 잠수부가 수중 깊은 곳에서 너무 오래 머무르면 '잠수병'이라는 질환이 발생할 수 있어요. 이것은 몸 안에 기포가 형성되어 빠져나가지 못하기 때문에 발생해요.

## 내려가기

수중에 들어가면 몸에 가해지는 물의 압력이 육지에 있을 때의 공기 압력보다 더 커져요. 깊이 들어갈수록 몸 위로 물이 더 많이 쌓이거든요. 잠수부는 공기탱크에 들어 있는 질소와 산소의 혼합물을 들이마셔요. 우리 몸에는 산소가 필요하지만 질소는 우리가 사용하지 않는 공기 중의 기체예요. 압력을 받으면 일부 기체는 체내의 액체에 녹지요.

## 올라오기

잠수부가 다시 올라오면 압력이 떨어져요. 천천히 올라오면 체내에 녹아 있던 기체가 천천히 빠져나올 시간이 충분하죠. 그러나 잠수부가 너무 빨리 올라오면, 기체는 체내에서 기포가 되어 체내의 액체 밖으로 나와요. 질소 거품이 관절에 형성되면 관절을 아프게 해요. 혈액 안에 형성되면 혈압을 변화시킬 수 있답니다.

## 압력이 가해지면

압력을 받으면 기체는 액체에 용해된 상태로 유지돼요. 탄산음료 병을 열 때까지 탄산음료가 청량감을 유지하는 이유도 바로 이 때문이죠. 탄산음료는 압력을 받는 병에 담겨 있고 뚜껑이 닫혀 있기에 기체가 빠져나갈 수 없어요. 뚜껑을 열면 압력이 해제되어 기체가 용액에서 빠져나와 다시 공기 중의 기체가 돼요. 피가 부글대는 것을 원치 않는다면 다이빙할 때 주의하세요!

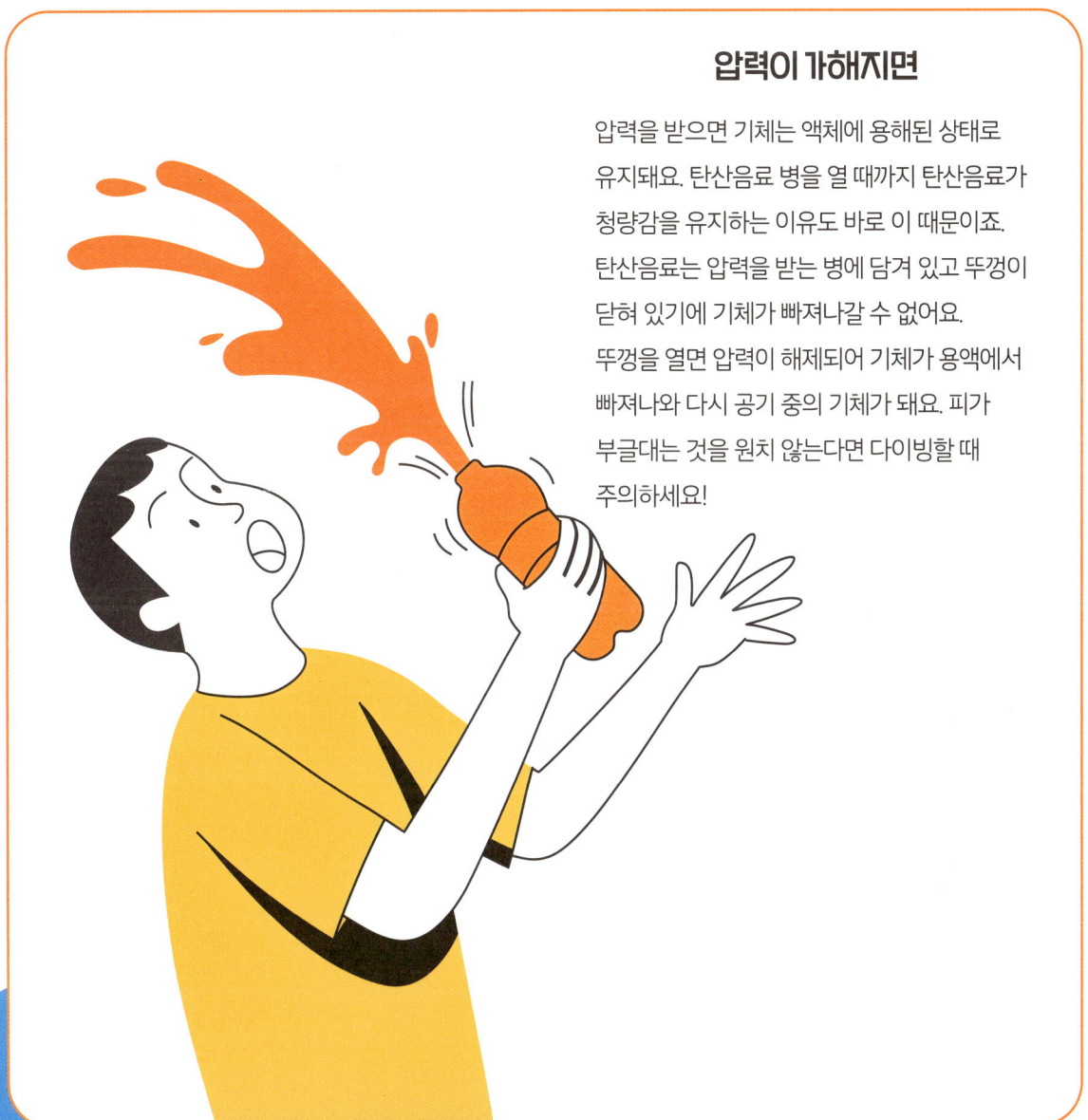

# 50 우리 몸의 대부분은 138억 년 전의 것이라고?

우주를 탄생시킨 빅뱅 이후 가장 먼저 나타난 물질은 수소 원자의 핵이었어요. 우리 몸 원자의 절반 이상이 수소 원자예요.

나이는 숫자일 뿐이야!

### 단순한 시작

우주는 '빅뱅'으로 시작되었어요. 아무것도 없는 곳에서 시공간과 엄청난 에너지가 분출되었죠. 이 엄청나게 뜨거운 혼합물에서 최초의 물질이 나타났어요. 그것은 양성자와 중성자라는 두 종류의 작은 입자였지요. 양성자는 양전하를 띠고 있어요. 중성자는 전하가 없지요. 이 입자들은 우주가 존재한 첫 순간에 나타났어요. 양성자는 수소 원자의 한가운데에 있는 수소 핵이에요.

우리는 물질이며, 우주를 지배할 거예요!

## 실제 물질

수소 핵은 시작일 뿐 아직 실제 수소는 아니에요. 수소 원자를 만들려면 양성자와 짝을 이룰 전자를 찾아야 해요. 전자는 양성자 주위를 적당한 거리로 공전하고, 그 사이의 공간 때문에 원자는 핵보다 엄청 커져요(하지만 다른 어떤 것과 비교하면 여전히 매우 작죠).

원자는 빅뱅 이후 약 38만 년 후에 핵과 전자가 결합해 만들어졌어요. 우주의 역사로 보면 그리 길지 않은 시간이지만 현대 인류가 진화하여 오늘날까지 이어져 온 시간만큼이나 긴 시간이에요. 그 모든 시간 동안 우주에는 원자가 없었어요!

### 알고 있나요?

우주에 존재하는 모든 일반 물질의 약 75%는 수소예요. 나머지는 대부분 헬륨이죠.

# 51 우리 몸의 모든 원자는 우주에서 만들어졌다

우리 몸은 화학 물질로 구성되어 있으며, 모든 화학 물질은 원자로 이루어져 있어요. 각 원자는 화학 원소 중 하나이며, 모두 우주에서 만들어졌죠. 빅뱅 때 그리고 또 별에서 말이에요.

### 최초의 최초

가장 먼저 등장한 원자핵은 수소 핵이었어요. 우주의 첫 20분 동안 일부 수소 핵이 중성자와 결합하여 헬륨이 되었는데, 이게 다였어요. 이들은 수십만 년 후에야 전자를 얻으면서 원자가 되었답니다.

## 더 만들기

수소 원자 중 일부가 모여 별을 만들었을 때 별들은 더 많은 헬륨을 만들기 시작했어요. 별의 중심부는 헬륨 공장이에요. 별은 수소를 뭉쳐서 헬륨을 만들어요. 별이 늙어 수소가 부족해지기 시작하면, 별은 헬륨을 뭉쳐서 철에 이르기까지 더 무거운 다른 원소의 원자를 만들어요.

### 초신성!

일부 큰 별은 폭발로 종말을 맞이해요. 마침내 융합할 수 있는 원자가 다 떨어지는 그 시점에 별은 안쪽으로 붕괴하여 극적으로 폭발해요. 폭발의 에너지가 너무 커서 철과 같은 무거운 원자를 더 무거운 원소로 융합시키는 거예요. 그리고 별의 탄생과 소멸 과정에서 만들어진 모든 물질이 우주로 날아가 버려요. 지구와 다른 행성의 모든 원자는 바로 이 우주에서 만들어졌으며, 여러분을 포함한 지구상의 모든 것의 원자들 또한 마찬가지예요.

## 52 소금은 도로의 얼음을 녹여요

겨울철 빙판길이나 밤새 얼어붙을 것 같은 도로에 미리 소금을 뿌리는 트럭을 본 적이 있나요? 소금은 도로 표면의 물에 녹아 어는점을 낮춰 줘요. 즉 기온이 0°C 이하로 떨어져도 도로가 젖을 수 있지만 얼지는 않아요. 약 -6.5°C가 될 때까지 얼지 않지요.

### 물 분자 사이로 들어가 얼음 녹이기

길에 뿌리는 소금은 염화 칼슘이에요. 물에 녹으면 염화 칼슘이 분리되어 염화 이온과 칼슘 이온이 돼요. (이온은 전자를 잃거나 얻은 원자, 즉 '손'이 줄어들었거나 더 생긴 원자예요!) 이온은 물 분자 사이에 흩어져 있어요. 이온은 물이 얼음을 만들기 위해 규칙적인 결정 구조를 형성하려는 것을 방해하지요.

## 얼어붙은 바다

바닷물의 어는점은 일반 물의 어는점보다 낮기 때문에 남극과 같이 매우 추운 곳을 제외하고는 바다는 거의 얼지 않아요. 형성되는 얼음은 그 아래의 바다보다 염도가 낮아요. 잘 얼지 않는 짠물은 가라앉는 경향이 있어요.

## 소금만 뿌리세요

이미 형성된 얼음을 녹이기 위해 소금(염화 나트륨 또는 염화 칼슘)을 넣을 수도 있어요. 사람들은 때때로 얼음을 녹이고 덜 미끄럽게 만들기 위해 길에 소금을 뿌려요. 소금이 얼음의 맨 위층에서 녹아서 나트륨 또는 칼슘과 염소 이온이 물 사이로 몰래 들어가기 때문에 효과가 있어요. 얼음이 녹으면 소금이 한 층 아래로 이동하여 다음 얼음을 녹이는 방식이지요.

# 53 사람 모양의 분자

화학자들은 재미있게도 다양한 모양의 분자를 만들어 왔어요. 화학 물질이 서로 어떻게 반응하는지를 알면 화학 반응에서 원자가 어떤 결합을 형성할지 예측할 수 있고, 원하는 모양으로 분자를 '조각'하도록 제어할 수 있어요.

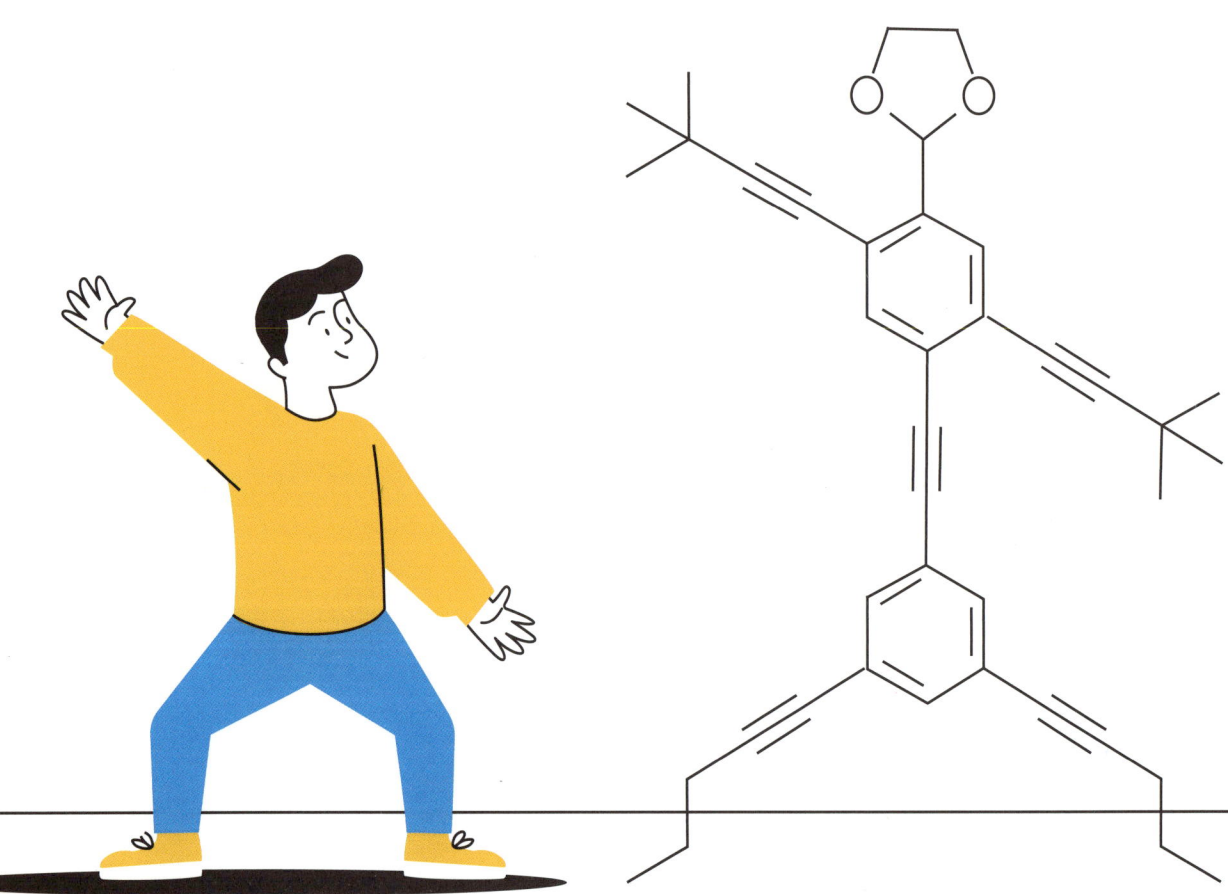

### 나노퍼티안을 만나요

2003년 미국 텍사스의 라이스대학의 화학자 팀은 아이들이 화학에 흥미를 갖도록 하기 위한 교육 프로그램의 일환으로 사람 모양의 분자를 만들기 시작했어요. 그들은 이 분자를 '나노퍼티안'이라고 불렀어요.

## 보이지 않는 조각상

나노퍼티안은 유기 화학 물질로 만들어졌기 때문에 대부분 탄소와 수소 원자 사이의 결합을 기반으로 해요. 나노퍼티안의 몸체는 두 개의 벤젠 고리로 이루어져 있고(66~67쪽 참조), 머리는 탄소, 수소, 산소로 이루어진 오각형이에요. 탄소, 수소, 산소 사이의 다른 결합이 직선을 만들어요. 분자는 너무 작아서 눈에 보이지 않으니 실험대에 작은 나노퍼티안이 담긴 비커가 있다는 과학자들의 말을 믿어야 해요.

## 분자 가족

최초의 나노퍼티안은 나노키드였지만, 아이들을 혼자 둘 수는 없으니 화학자들은 곧 이들과 함께할 어른들도 만들었어요. 바로 나노프로페셔널인데 모자로 구분할 수 있어요.

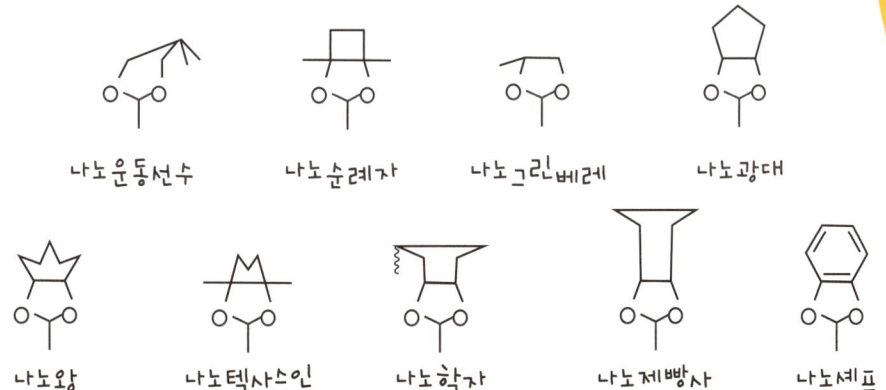

## 살 곳

당연히 이 나노인들은 살 곳이 필요해요. 다행히도 화학자들은 건물처럼 보이는 분자도 만들었어요. 이 화합물을 하우세인, 처체인, 파고데인이라고 불러요. 집, 교회, 탑처럼 생겼지요?

# 54 별빛을 보면 별이 무엇으로 만들어졌는지 알 수 있다

밤하늘을 보면 별은 밝게 반짝이는 하얀 빛의 점으로 보여요. 하지만 천문학자와 화학자들이 별에서 나오는 빛을 자세히 보면 별이 무엇으로 만들어졌는지 알 수 있어요. 빛의 스펙트럼에는 빨간색에서 보라색에 이르는 다양한 색의 빛이 포함되어 있는데 화학 물질은 다양한 색의 빛을 흡수해요. 별에서 어떤 색이 우리에게 도달하는지를 살펴보면 별에 무엇이 있는지 알아낼 수 있어요.

## 빛의 작동 원리

밝은 빛이 기체를 통과할 때 일부 빛은 기체의 화학 물질에 흡수돼요. 과학자들은 스펙트럼에서 검은색 선을 볼 수 있는데, 이는 별의 외부에 있는 차가운 기체에 의해 사라진 색의 빛이 흡수된 거예요. 별은 너무 뜨거워서 지구에서 고체인 화학 물질도 별 안에서는 기체이죠.

뜨거운 기체는 차가울 때 흡수한 것 같은 색의 빛을 방출해요. 화학자들은 기체가 방출하거나 흡수하는 빛으로 그 기체가 무엇인지 알 수 있어요.

## 기체 공

별은 대부분 수소와 헬륨으로 이루어진 거대한 기체 공이에요. 헬륨은 노란색 빛을 흡수하죠. 1860년대 화학자들이 태양 빛 스펙트럼에서 지구에 알려진 어떤 원소가 만들어 내는 것과도 일치하지 않는 검은 선을 발견하면서 헬륨을 처음으로 발견했어요. 과학자들은 별의 스펙트럼을 보고 검은 선을 만들어 내는 화학 물질을 확인함으로써 멀리 떨어져 있는 별이 무엇으로 만들어졌는지 알아내요.

# 55 상한 달걀과 신선한 달걀 구별법

오래 보관한 날달걀을 먹을 수 있을지 궁금하면 물에 담가 보세요.
상한 달걀은 물에 뜨는데, 상하면 달걀의 액체 일부가 기체로 변하고
기체 일부가 껍질을 통해 빠져나가기 때문이에요.
그래서 달걀이 물에 뜰 수 있을 정도로 가벼워져요.

## 상한다는 것은 물질이 해체된다는 것

무언가를 만들려면 서로 다른 것을 합치는데 이것을 해체하려면 분해해야 해요. 달걀 그리고 다른 모든 것들이 상한다는 것은 분해되고 있다는 뜻이죠. 화학 반응이 일어나고 있는 거예요.

화학 반응이 일어나면서 구성 성분이 분해되면 다른 화학 물질이 만들어져요. 한때 살아 있던 유기물이 분해되면 많은 양의 가스가 만들어집니다.

## 기체가 많은 생물의 몸

식물과 동물의 살아 있는 몸은 다양한 유기 화합물로 이루어져 있어요. 이러한 화합물은 대부분 탄소와 수소로 이루어져 있으며 다른 원소도 소량 포함되어 있지요. 분해 과정에서 이러한 화합물은 잘게 나누어지고 그 조각들은 종종 기체를 형성해요. 탄소와 수소는 함께 메테인을 만들고, 탄소와 산소는 이산화 탄소를, 수소와 산소는 물을 만들어요. 기체 분자는 작아서 달걀 껍질을 통해 빠져나갈 수 있어요. 달걀의 물질이 많이 빠져나갈수록 달걀은 가벼워져요.

### 냄새나는 달걀

수소와 황은 황화 수소라는 기체를 만드는데, 이것은 상한 달걀과 연관된 끔찍한 냄새를 풍겨요(방귀의 냄새나는 화학 물질 중 하나이기도 합니다!). 황화 수소 분자는 달걀 껍질을 통해 빠져나가기에는 너무 크기 때문에 물에서 검사하는 대신 상한 달걀을 깨 보면 고약한 냄새를 금방 알 수 있어요!

# 56 지구상에서 가장 비싼 화학 물질

탄소는 공기, 우리 몸, 주변의 모든 생물체, 그리고 대부분의 지구 암석 등 어디에나 존재하지만 다양한 형태로 존재해요. 순수한 탄소는 흑연이 될 수도 있고, 다이아몬드가 될 수도 있으며, 버크민스터풀러렌 또는 몇 가지 다른 것이 될 수도 있어요. 차이점은 원자의 배열 방식에 있지요. 이러한 배열 중 하나에 질소 원자가 추가되면 1g당 1억 6,700만 달러에 달하는 나이트로젠 엔도헤드랄 풀러렌(N@C60)이라는 화학 물질이 만들어져요. 이보다 더 비싼 것은 반물질뿐이에요!

## 버키볼

흑연에서 탄소 원자는 서로 쉽게 미끄러질 수 있는 층으로 배열되어 있어요. 다이아몬드는 각 탄소 원자가 다른 탄소 원자 4개와 결합된 사면체 구조로 되어 있어 강도가 높아요(113쪽 참조). 버크민스터풀러렌은 60개의 탄소 원자가 거의 구형 구조로 배열되어 있어 축구공처럼 보이고, 엉뚱하게 들릴 수도 있지만 우주 공간에서 자연적으로 발생해요! 매연에도 소량 함유되어 있지요. 이 작은 탄소 구체를 흔히 '버키볼'이라고 부르는데, 이들은 잘 굴러다니기 때문에 좋은 윤활유가 될 수 있어요.

### 갇혔습니다!

가장 비싼 화학 물질은 '엔도헤드랄 풀러렌'이에요. 엔도헤드랄 풀러렌 중 하나가 탄소 원자로 이루어진 구체 한 가운데에 질소 원자 하나가 들어 있는, 마치 새를 가둔 새장처럼 생긴 화학 물질이죠. 탄소와 질소라는 기본 재료는 흔하지만, 이 물질은 만들기가 매우 어려워서 하루에 50mg의 N@$C_{60}$만 만들 수 있으며, 이를 정제하는 데만 몇 주가 걸려요.

# 57 랍스터의 피는 파란색이다?

혈액이 붉은색을 띠는 이유는 산소를 운반하는 데 철을 사용하는 헤모글로빈이라는 화합물이 들어 있기 때문이에요. 철과 산소는 함께 산화 철이 되는데, 우리가 녹이라고 부르는 바로 그것이지요. 산화 철은 사람의 혈액을 붉게 만들어요. 그러나 바닷가재와 거미, 문어, 오징어는 혈액에 산소를 운반하는 데 다른 화학 물질을 사용하여 산소와 결합했을 때 파란색 화합물을 만들어요.

### 파란 피

청색 혈액을 가진 동물은 헤모시아닌(헤모사이아닌)이라는 화학 물질을 사용하여 산소를 몸 전체로 운반해요. 헤모시아닌은 철 대신 구리를 사용하여 산소와 결합하죠. 구리의 여러 화합물은 파란색이에요. 밝은 파란색인 황산 구리 결정을 만들어 본 적이 있을 거예요. 아니면 오래된 구리 지붕이 시간이 지남에 따라 녹색을 띤 파란색으로 변해 녹청이라는 화합물을 형성하는 것을 봤을 수도 있어요. 랍스터의 혈액 속 구리 화합물은 산소와 결합하면 파란색으로 변해요.

## 혈액의 다양한 색

혈액은 파란색과 빨간색만 있는 것은 아니에요. 일부 종류의 벌레와 거머리의 피는 녹색이에요. 녹색 피는 클로로크루오린이라는 화합물을 사용하는데, 이 화합물은 산소와 결합하기 전까지는 연한 녹색을 띠다가 산소와 결합하면 제대로 된 녹색으로 변해요. 지렁이는 약간의 철분도 있어서 혈액에 산소가 많으면 철분에도 산소가 달라붙어 혈액이 붉은색을 띠기도 해요. 일부 유형의 해양 벌레와 조개류는 심지어 보라색 피를 가지고 있는데, 여기에는 헤메리트린이 포함되어 있어요. 산소가 없으면 투명하지만 산소와 결합하면 분홍빛이 도는 보라색으로 변하죠. 우리가 이 생물들처럼 보라색, 녹색, 파란색의 피를 가진다면 과연 어떨까요?

# 58 금메달은 은으로 만든다?

올림픽에서 금메달을 따서 금덩어리를 거머쥐고 싶다면 다시 생각해 보는 게 좋을 거예요. 실제로 금메달은 은이 92.5% 이상이고 금은 고작 아주 얇게 코팅되어 있을 뿐이니까요.

## 싸구려?

금은 은보다 훨씬 더 가치가 있어요. 2021년 도쿄 올림픽 금메달의 무게는 556g이에요. 금과 은의 가격은 항상 변하지만 일반적으로 금은 은보다 100배 가까이 비싸요. 2022년 즈음 은은 28g당 20달러였지만, 같은 무게의 금은 1,750달러였어요. 은메달을 만드는 데 약 400달러의 비용이 들지만 금으로만 만든다면 거의 35,000달러가 들 거예요!

## 구부러지는 메달

금은 힘을 가해도 깨지지 않고 늘어나는 특성이 있지요. 부러지지 않고 찌그러지거나 구부러질 수 있어요. 부드러운 금속이기 때문에 두드려서 쉽게 얇은 필름으로도 만들 수 있어요. 많은 양이 필요하지 않으므로 메달을 코팅하는 데 적합하지만 부드럽고 모양을 잡기 쉬워서 쉽게 구부러지고 찌그러지기도 해요. 순금 메달은 멋지긴 하지만 쉽게 손상될 수 있지요.

# 59 은빛이 아닌 금속 세 가지

은빛을 내는 금속들은 스펙트럼 전반에서 빛을 똑같이 반사하지만, 매우 복잡한 이유로 금과 구리, 세슘은 청색광을 더 많이 흡수하여 황금색으로 보여요.

### 알고 있나요?

1912년 이전에는 올림픽 금메달이 실제로 금으로만 만들어졌어요.

# 60 물에 소금을 넣으면 더 높은 온도에서 끓는다

사람들이 파스타나 감자를 삶을 때 물에 소금을 넣는 이유는 단지 음식의 짠맛을 내기 위해서만은 아니에요. 소금은 물이 끓는 온도를 높여 더 높은 온도에서 더 빨리 음식을 조리할 수 있지요.

## 강한 이끌림

물 분자는 수소 결합으로 서로 느슨하게 끌어당기고 있어요. 수소 결합은 어느 물 분자의 산소 원자와 근처에 있는 다른 물 분자의 수소 원자 사이에 형성돼요. 물이 끓으려면 이러한 결합이 끊어져야 해요. 물이 가열되면서 분자는 더 많이 움직이고 결국에는 결합이 끊어져 공기 중으로 빠져나가죠. 하지만 소금은 물 분자 사이의 수소 결합을 방해해요. 소금은 물 분자와 더 강한 결합을 만들어 더 큰 문제를 일으켜요. 용해된 소금의 나트륨 이온은 산소 원자에 끌리게 되고 염화 이온은 수소 원자에 끌리게 되죠.

## 물이 증발하지 않으려면

물 분자와 소금의 이온 사이의 결합은 물이 공기 중으로 빠져나가지 않도록 물을 제자리에 고정하는 역할을 해요. 이 방식은 잠깐은 효과가 있지만, 물이 너무 뜨거워지면 이온이 분리되어 물이 증발할 수 있어요. 그때쯤이면 물의 온도는 일반적인 끓는점보다 더 뜨거워져요. 물에 소금을 많이 넣을수록 끓는점이 높아지지만, 소금을 너무 많이 넣으면 음식 맛이 나빠져요!

# 61 오가네손 원소의 원자는 없다고?

오가네손은 원소 중 가장 무겁고 큰 원자를 가진 원소예요. 자연계에 존재하지 않으며 지금까지 생성된 원자는 5~6개에 불과하죠. 반감기가 0.9초로 아주 짧은 방사성 원소이기 때문에 현재 존재하는 원자는 하나도 없어요.

## 금방 있다가 금방 사라지다

원자가 한두 개만 존재하고 반감기가 1초 미만인 원소에 대해서는 많은 것을 알아내기 어려워요. 화학자들은 오가네손이 실온에서는 기체일 거라고 생각해요. 전자의 수로 미루어 보아 반응성이 매우 낮아서 오가네손과 다른 원소를 사용해 화합물을 만드는 것도 어렵죠.

거대한 초신성에서 원자가 서로 뭉쳐서 오가네손을 만들 수 있을지도 모르지만, 여전히 1초도 채 되지 않아 붕괴될 거예요. 즉 대부분의 경우 우주 어디에도 오가네손은 존재하지 않지만, 잠깐 나타났다 사라질 수는 있어요.

# 62 사람의 이름을 딴 원소

많은 원소들이 유명한 과학자의 이름을 따서 명명되었어요. 물리학자 알버트 아인슈타인의 이름을 딴 아인슈타이늄과 화학자 마리 퀴리의 이름을 딴 퀴륨 같은 것들이죠. 누군가 새로운 원소를 발견한 사람은 원소의 이름을 지을 수 있지만, 자신의 이름을 따서 명명하는 것은 그다지 멋진 일은 아니에요.

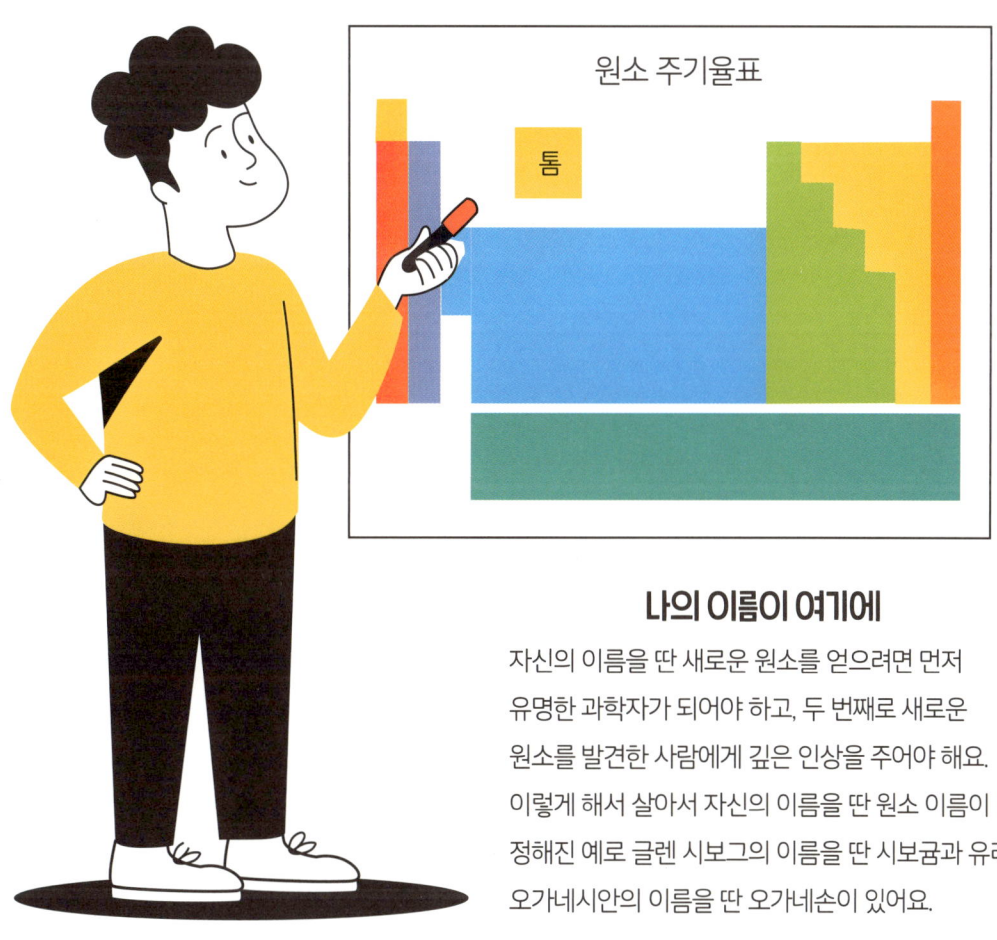

### 나의 이름이 여기에

자신의 이름을 딴 새로운 원소를 얻으려면 먼저 유명한 과학자가 되어야 하고, 두 번째로 새로운 원소를 발견한 사람에게 깊은 인상을 주어야 해요. 이렇게 해서 살아서 자신의 이름을 딴 원소 이름이 정해진 예로 글렌 시보그의 이름을 딴 시보귬과 유리 오가네시안의 이름을 딴 오가네손이 있어요.

## 63 커피는 벌레를 쫓는다

하지만 여러분이 커피 식물일 경우에만 해당되는 얘기예요. 커피에 함유된 카페인은 마시면 기분이 좋아지는 화학 물질이에요. 카페인은 인간에게는 각성제로서 깨어 있고 정신을 차리게 하지만 커피나무를 갉아 먹는 곤충에게는 너무 많은 양이에요.

### 화학 전쟁

많은 식물은 자신을 잡아먹으려는 곤충이나 큰 동물의 공격으로부터 자신을 보호하는 데 도움이 되는 화학 물질을 생산해요. 어떤 것은 독성이 있고, 어떤 것은 쓴맛이나 매운맛을 내기도 하죠. 하지만 식물의 화학 무기가 인간에게 대항하는 데 항상 효과가 있는 것은 아니에요. 우리는 고추의 매운맛을 좋아해서 고추를 먹고, 커피가 각성 효과가 있기 때문에 커피를 마셔요. 인간은 곤충보다 훨씬 크고 몸의 구조도 완전히 다르거든요.

## 차 아니면 커피?

커피에는 카페인이 들어 있고 차에는 테인이라는 각성제가 들어 있어요. 하지만 그거 아세요? 둘은 같은 화학 물질이에요! 커피에 들어 있으면 카페인, 차에 들어 있으면 테인이라고 하죠. 커피에는 '카페인'이 가장 많이 함유되어 있어요. 차에는 다른 각성제가 함께 들어 있지만 강도가 약하기 때문에 각성 효과는 여전히 커피가 더 세요.

## 차나 커피를 마시지 않아도

카페인의 천연 공급원인 차나 커피 대신에 콜라를 마셔도 각성 효과를 얻을 수 있어요. 콜라에도 카페인이 들어 있거든요. 카페인은 초콜릿에도 들어 있어서 물만 마셨어도 초콜릿 바를 한 입 베어 물면 카페인을 섭취한 거예요. 진한 초콜릿일수록 카페인이 더 많이 들어 있지요.

## 64 바나나가 과일을 상하게 만든다고?

과일은 익으면 에틸렌이라는 기체를 만들어요. 에틸렌은 과일에 작용하는 화학 물질로, 과일을 더 부드럽고 달콤하게 하고 색깔도 녹색에서 노란색 또는 빨간색으로 변하게 해요. 보통 익는다고 말하는 현상이죠. 바나나는 에틸렌을 많이 만들어 내기 때문에 다른 과일과 함께 넣으면 덜 익은 과일을 익히는 데 도움이 될 수 있지만, 에틸렌은 또한 잘 익은 과일을 상할 정도로 더 익게 만들기도 해요.

## 화학 메시지

화학 물질은 모든 생명체에서 '메신저'로 사용돼요. 우리 몸의 위장에서 생성되는 화학 물질은 음식을 충분히 먹었으니 배고픔을 느끼지 말라고 뇌에 알려 줘요. 또한 우리 몸에 무서운 것이 다가오고 있으니 도망가거나 숨으라고 알려 주기도 해요. 달리기할 때는 더 많은 산소를 공급받을 수 있도록 호흡을 빠르게 하라고 알려 주는데, 식물도 이런 방식으로 화학 물질을 사용해요. 에틸렌은 과일에 화학적 변화를 일으켜요. 과일이 익으면서 만들어진 에틸렌은 주변의 다른 과일도 익게 할 수 있어요.

## 과일 관리하기

과일을 전 세계로 배송하기 위해 사람들은 과일이 익는 방법과 시기를 조절해요. 먼 거리를 이동해야 하는 경우, 과일을 차갑게 유지하고 질소 기체 속에서 보관하죠. 추위는 숙성을 포함한 생물의 모든 과정을 느리게 해요. 질소는 과일과 과일에 붙어 있는 미생물이 사용할 수 없는 기체예요. 산소와 에틸렌을 차단함으로써 과일이 덜 익은 상태로 유지돼요. 덜 익은 과일을 구입하면 직접 관리할 수 있어요. 햇볕이 잘 드는 창가에 바나나와 함께 그릇에 담아 두면 곧 익기 시작할 거예요.

# 65 지구가 무엇으로 만들어졌는지 알려 주는 운석

운석은 우주에서 지구로 떨어지는 암석이에요.
과학자들은 운석을 연구함으로써 지구가 처음 생겼을 때
어떤 모습이었는지 알아낼 수 있어요.

## 먼지와 암석

지구와 태양계의 다른 암석 행성 그리고 운석은 모두 약 46억 년 전에 함께 생겨났어요. 행성들은 먼지와 암석 조각들이 서로 충돌하면서 만들어졌고 점점 더 큰 덩어리로 성장했어요. 하지만 일부 덩어리는 행성 크기로 성장하지 못하고 여전히 우주에서 큰 암석으로 떠돌고 있어요. 가끔씩 지구에 충돌하는 소행성들이 있는데, 그 안에 들어 있는 화학 물질을 확인해 보면 기본적으로 지구를 구성하는 물질과 같아요. 단지 그 양이 지구에 훨씬 더 많을 뿐이에요. 지구가 너무 크기 때문에 가장 무거운 물질은 우리가 도달할 수 없는 중심으로 가라앉아 있는데, 지구로 떨어지는 운석은 과학자들이 지구의 구성(성분)을 파악하는 데 도움을 줘요.

**월석**

일부 운석은 실제로 다른 행성(보통 화성)이나 달의 조각이에요. 소행성이 행성을 강타했을 때 떨어져 나와 우주로 던져진 덩어리이죠. 화학자들은 이 암석의 성분을 분석하여 근원 행성이나 달의 외부 표면이 무엇으로 이루어져 있는지 알아낼 수 있어요. 우리에게는 아폴로 탐사선이 가져온 월석이 있지만, 지구에 떨어진 화성의 운석은 과학자들이 연구할 수 있는 화성 암석의 유일한 원천이죠.

# 66 고양이는 쓸모 있는 화학을 알고 있다

고양이를 키우는 사람이라면 고양이가 개박하나 개다래 같은 식물에 몸을 문지르거나 땅에 구르고 그 식물을 씹는 장면을 본 적이 있을 거예요. 고양이는 식물의 화학 물질을 사용해 벌레를 쫓고 자신을 돌보는 거랍니다.

## '접근 금지' 화학 물질

많은 식물은 벌레를 쫓아내는 화학 물질을 생산하는데, 대부분의 이러한 화학 물질은 식물 내부에 있어요. 잎이 손상되면 화학 물질이 공기 중으로 방출되죠. 벌레를 쫓는 이 화학 물질은 휘발성이기 때문에 낮은 온도에서 증발하여 기체로 변해요. 고양이가 개박하를 씹거나 땅에 구르면 많은 잎이 부러지고, 공기 중으로 빠져나간 화학 물질은 식물을 공격하여 먹거나, 식물에 알을 낳거나, 식물의 일부를 가져가려던 벌레를 내쫓아요.

## 더 만들기

상처 입은 개박하는 '접근 금지' 화학 물질을 더 많이 만들어요. 최대 10배까지 많이 만들기 때문에 벌레로부터 식물을 아주 잘 보호할 수 있지요.

### 또 고양이는요!

고양이는 으깬 개박하 식물 위에서 뒹굴면서 식물의 벌레 퇴치 성분을 몸에 묻혀요. 이 화학 물질이 쫓아내는 벌레 중에는 모기도 있는데, 가게에서 파는 모기 기피제보다 더 효과가 좋거든요. 성가신 벌레를 쫓아내는 화학 물질로 몸을 뒤덮고 있으니 화학을 이용하는 고양이의 좋은 예라고 할 수 있죠! 그리고 고양이의 털도 모기를 쫓아낸답니다.

# 67 작은 금덩어리로 수 킬로미터 길이의 실 만들기

약 30g의 금덩어리를 얇은 실로 만들면 100km 이상 길게 뽑을 수 있어요. 금은 연성이 높아서 부러지지 않고 가늘게 늘어날 수 있거든요.

**알고 있나요?**

금은 매우 부드러워서 손톱으로도 긁을 수 있어요.

## 손쉬운 성형

연성의 반대말은 취성이에요. 취성을 가진 금속은 변형시키려고 잡아당기면 부서집니다. 금은 원자가 배열된 방식 때문에 잡아당기거나 두드리거나 다른 방식으로 강제로 모양을 바꿔도 깨지지 않아요. 이런 특성 덕분에 금은 역사적으로 쓸모 있고 가치 있는 금속이 되었죠. 금은 아주 쉽게 모양을 구부릴 수 있고, 두드려서 거의 속이 비칠 정도로 얇은 판으로 만들 수도 있어요. 또한 다른 은색 금속과는 달리 예쁘고 반짝이며 녹슬거나 부식되지 않기 때문에 수천 년 동안 보석이나 왕관 같은 장식적이고 귀중한 물건을 만드는 데 금을 사용했어요.

## 부드러운 금속

금은 부드럽고 쉽게 모양을 만들 수 있어요(97쪽 참조). 무게가 1g에 불과한 금덩어리를 평평하게 두드려서 $1m^2$의 판으로 만들 수 있지요. 첨단 도구 없이도 두께를 0.001mm까지 줄일 수 있어요. 매우 얇게 만들 수 있고 부식되지 않기 때문에 건물의 일부를 덮는 데 사용되어 왔으며 아주 조금만 사용해도 아름다운 황금빛 광택을 낼 수 있어요.

# 68 다이아몬드와 연필심은 화학적으로 동일하다

종이에 대고 연필로 선을 그으면 연필 끝에서 작은 흑연 입자가 떨어져 나와 종이에 달라붙어요. 화학 원소인 탄소는 그을음, 흑연, 다이아몬드 등 다양한 형태로 존재할 수 있어요. 연필심과 불에 탄 그을음은 화학적으로 다이아몬드와 똑같아요!

### 작은 퍼즐 조각

우주의 모든 것은 물질의 가장 작은 입자인 원자로 이루어져 있고, 원자의 배열과 결합 방식에 따라 물질의 특성이 결정돼요. 흑연 연필심의 탄소 원자는 서로 쉽게 미끄러질 수 있는 평평한 판 형태로 배열되어 있어서 그림을 그릴 때 흑연 층들이 종이로 옮겨지죠.

다이아몬드에서는 탄소 원자가 강한 3차원 모양으로 배열되어 있어요. 그래서 다이아몬드는 매우 단단해요.

### 연필로 다이아몬드를 만들 수 있나요?

쉽진 않지만, 이론적으로는 가능해요. 하지만 안타깝게도 너무 어렵고 비싸서 그만 한 가치가 없어요. 흑연을 다이아몬드로 바꿀 수 있을 만큼 충분히 분쇄하려면 지구 대기압의 15만 배에 달하는 압력이 필요하거든요.

## 69 거대 기체 행성 내부에 내리는 다이아몬드 비

지구에서는 다이아몬드를 만들기에 충분한 압력을 얻기가 어렵지만 목성 같은 기체 행성 내부에는 이런 압력이 항상 있어요. 번개는 기체에서 탄소를 분리하여 그을음으로 떨어뜨려요. 이 탄소는 낙하 과정에서 찌그러지고 압착되어 단단한 다이아몬드가 되죠. 그리고 다이아몬드는 행성 내부에 비처럼 떨어져요. 다이아몬드는 태양계에서 가장 흔한 종류의 비일지도 몰라요!

# 70 물에 '피부'가 있다고?

연못의 표면에 떠 있는 곤충을 본 적이 있을 거예요. 모기나 일부 딱정벌레도 물 위에 뜰 수 있어요. 물에는 표면 장력이 있어서 피부처럼 작용하는 물의 최상층을 통과하기 어렵거든요.

### 팽팽한 표면

타일이나 창문처럼 딱딱한 표면에 맺힌 물방울은 구부러진 것처럼 보이는데 표면 장력 때문에 생긴 모양이에요. 표면 장력은 액체가 서로 끌어당겨 표면적을 최대한 작게 하려는 성질 때문에 발생해요. 표면적이 가장 작은 모양이 공 모양이기 때문에 물은 구형 방울을 만드는 경향이 있어요.

물방울이 고체 표면에 놓이면 밑바닥은 평평하게 퍼지지만 나머지는 여전히 둥근 모양으로 있는 이유이지요.

## 작용하는 힘

물 한 컵에서 물 분자 사이의 힘은 모든 방향에서 똑같이 작용해요. 그래서 물에 잠긴 물체는 물 분자 사이의 힘에 영향을 받지 않고 물속에서 움직이죠. 하지만 수면에서는 물 분자 사이의 힘은 각 분자의 아래쪽과 옆쪽으로만 작용해요. 액체 속의 분자들은 표면 위의 기체 분자보다 서로 더 강하게 끌어당겨요. 물에서는 물 분자 사이의 수소 결합이 표면 장력을 만드는 데 도움이 되지요.

충분히 가벼운 물체가 물 표면에 떨어지면 물 분자 사이의 결합이 물체의 낙하를 막아서 조심히 잘만 다루면 물 표면에서 강철 바늘의 균형을 잡을 수도 있어요.

# 71 표백제는 우리를 비누처럼 만들 수 있다

표백제는 어떤 물건을 깨끗하게 하는 데는 효과적이지만 몸을 닦는 데는 절대 사용해서는 안 돼요. 몸을 비누처럼 만들어 반짝반짝하고 깨끗하게 보일지는 모르지만 실제로는 좋지 않아요!

## 다시 염기성으로

표백제는 염기성 용액으로 '염기' 또는 '알칼리' 물질이 들어 있어요. 염기는 산과 반대되는 개념이지만 산만큼이나 파괴적일 수 있어요. 표백제마다 들어 있는 염기는 다를 수 있지만 모두 같은 방식으로 작용해요. 염기는 우리 피부(또는 청소 중인 물체)의 지방 분자를 공격하여 비누와 같은 알칼리 금속염으로 바꿔요. 이 과정을 '비누화'라고 하는데, 이는 '비누와 같은 알칼리 금속염으로 변한다'는 뜻이에요.

## 비누 만들기

좀비 대재앙이나 기타 재난에서 혼자 살아남은 경우, 비누를 직접 만들어 청결을 유지할 수 있어요. 나무를 태우고 남은 재를 구해 물에 담가 두세요. 그러면 알칼리성 용액이 만들어져요. 그런 다음 액체 지방을 넣고 잘 저어 주세요. 당신이 먹은 동물의 지방, 기름기 많은 양털, 우유 또는 식용유 등 아무 지방이나 사용할 수 있어요.

# 72 두 가지 매운맛

매운 음식은 많아도 그 음식을 맵게 하는 물질은 같아요.
매운 화학 물질에는 두 가지가 있는데, 하나는 '뜨거운 매운맛'을 내고
다른 하나는 '차가운 매운맛'을 내요.

### 뜨겁고 차가운 매운맛

'뜨거운 매운맛' 화학 물질인 캡사이신은 고추와 같은 식품에 들어 있어요. 고추의 '뜨거운 매운맛'은 스코빌 지수라는 특별한 단위로 측정하죠. '차가운 매운맛' 화학 물질은 와사비와 겨자에서 발견돼요.

### 불타는 매운맛

이런 화학 물질은 '수용체'라고 하는 특별한 세포에 영향을 미쳐요. 수용체는 신경을 자극하여 입안이 타는 듯한 느낌을 주죠. 신체의 다른 부위에도 매운맛 수용체가 있으니 고추를 자른 손으로 절대로 눈을 비비지 마세요. 눈이 타는 것처럼 엄청 얼얼할 거예요.

# 73 표백제는 얼룩을 실제로 제거하지 못한다

사람들은 세균을 죽이고 더러워진 물건의 얼룩을 제거하려고 표백제를 사용해요. 하지만 표백제는 얼룩을 실제로 제거하는 것이 아니라 단지 얼룩을 숨길 뿐이죠.

### 숨어 버림

표백제가 얼룩의 색을 내는 안료 분자의 일부 결합을 끊어 버리면 안료가 더는 색깔이 있는 빛을 반사하지 못해요. 즉 더는 얼룩이 보이지 않는다는 뜻이죠. 머리카락 탈색제도 같은 원리로 작동해요. 머리카락에서 색을 제거한다고 주장하지만 실제로는 아무것도 제거 못 하고 색소를 파괴하여 더 이상 색소 역할을 하지 못하게 할 뿐이에요.

탈색한 머리에 얼룩이 전혀 없어요!

## 74 은을 먹으면 파랗게 변한다고?

식품으로 판매되지 않는 것을 먹는 것은 결코 좋은 생각이 아니에요. 일부 비식품은 예상치 못한 효과를 가져올 수 있거든요. 피부가 영원히 파랗게 변하는 것은 꽤 심각한 반응인데, 은 화합물이 함유된 음식을 먹거나 마실 때 일어날 수 있는 일이에요.

따라하지 마세요!

## 블루 맨

미국인 폴 캐러슨은 집에서 건강에 좋다고 생각되는 음료를 만들었지만, 전혀 효과가 없었어요. 그는 은이 들어간 용액을 만들어 마시고 피부에 발랐어요. 자신이 앓고 있던 피부병을 치료하고 싶었거든요. 용액에서 나온 은 입자는 혈류를 타고 다니며 피부에 쌓였어요. 몇 년이 지나는 동안 그는 피부가 점점 더 파랗게 변했지만, 그 용액을 계속 사용했어요. 피부가 파랗게 변한 건 자신의 건강이 좋아졌다는 뜻이라고 믿었거든요. 은 성분이 들어 있는 약과 크림을 사용하다가 피부가 파랗게 변한 사람은 그뿐만이 아니에요.

### 마치 사진처럼

오래전에 사용하던 사진 인화지는 그 표면에 바른 질산 은 용액이 빛을 받으면 검게 변하는 작용 때문에 사용할 수 있었어요. 은염이 발린 피부가 햇빛에 노출될 때도 똑같은 반응이 일어나요. 우리 몸속의 화학 물질은 다른 곳에서와 똑같은 방식으로 반응한다는 사실을 기억하는 것이 중요해요. 화학 물질은 어디에 있든 상관없어요!

### 알고 있나요?

금은 먹어도 안전해요. 몸 안에서 아무 반응도 하지 않기 때문이죠. 심지어 금을 바른 과자도 있어요!

## 75 탄산음료 거품은 우리 입 때문에 생긴다

탄산음료에서 거품이 생기는 것은 '핵 생성'이라는 과정 때문이에요. 탄산음료를 만드는 이산화 탄소 기체를 빠르게 방출하는 거죠. 입안에는 '핵 생성점'이 많이 있어서 이산화 탄소 탈출을 도와요.

### 병 안에서는 덜해요

이산화 탄소를 녹인 탄산음료를 병이나 캔에 넣어요. 그 안에 있는 동안에는 이산화 탄소가 빠져나가지 못해요. 병이나 캔을 열면 즉시 일부 기체가 빠져나가기는 하지만 흔들지만 않는다면 그 양은 그다지 많지 않아요. 유리잔에 따라 마셔도 유리잔의 측면이 매우 매끈해서 이산화 탄소가 많이 빠져나가지 않아요.

## 톡 쏘는 입

입안은 매끄럽지 않아요. 울퉁불퉁한 표면은 '핵 생성점'으로 작용하죠. 용액의 이산화 탄소가 나오면서 핵 생성점에서 거품이 만들어지는데, 이것이 바로 톡 쏘는 느낌을 주는 '(음료 속) 거품'이에요.

## 여분의 기체 포함

탄산음료를 흔들면 뚜껑을 열었을 때 탄산음료가 더 많이 거품을 내며 쉬익 하는 소리를 내요. 탄산음료는 압력을 받고 병에 담겨 있어요. 일부 이산화 탄소는 용액에서 나와 병이나 캔의 상단에 작은 공기 공간을 만들 수 있지만 대부분은 용액에 남아 있어요. 하지만 흔들면 빠져나온 기체도 다시 섞이게 되죠. 이것은 보통의 쉬익 소리를 내는 거품보다 훨씬 큰 거품을 만들지만, 탄산음료를 따면 거품은 빠르게 빠져나가요.

# 76 십 대 소년이 발견한 연보라색

최초의 합성 유기 염료는 1850년대에 한 화학과 학생이 만들었어요. 이전에는 없었던 연보라색이었죠. 이 염료는 엄청나게 유행했어요!

## 말라리아에 대항하는 연보라색

18살의 학생이었던 윌리엄 헨리 퍼킨은 말라리아 치료제를 찾던 중 우연히 연보라색 염료를 발견했어요. 말라리아 치료제인 퀴닌은 남아메리카 지역에만 자생하는 나무에서 추출할 수 있었기 때문에 가격이 비쌌어요. 퍼킨과 그의 교수는 실험실에서 퀴닌을 만들려고 시도했고, 퍼킨은 자신의 집 실험실에서 이 문제를 계속 연구했죠. 그는 수백 번 실험하고 연거푸 실패한 끝에 무언가를 만들었는데, 그게 연보라색 염료로 밝혀졌어요. 퍼킨은 염료를 개발해 판매했고 21살이 되기도 전에 백만장자가 되었어요. 갑자기 모든 사람이 연보라색 옷을 입게 되었거든요.

### 모호한 분자

퍼킨은 새로운 화학 물질을 '모베인'이라고 불렀어요. 화학에서 종종 일어나는 일이지만 사람들은 물질의 화학적 특성을 이해하기 전에 그 물질을 만드는 방법을 먼저 발견해요. 사람들은 1994년까지도 모베인 분자를 완전히 이해하지 못했어요. 그 후 3-아미노-2,9-다이메틸-5-페닐-7(파라톨릴아미노) 페나진 아세테이트라는 훨씬 더 까다로운 이름이 붙었지만, 대부분의 사람은 여전히 이것을 모베인이라고 불러요.

### 알고 있나요?

로마 황제들은 보라색 옷을 즐겨 입었어요. 보라색은 바다 달팽이에서 채취한 염료로 만들었죠. 달팽이가 많이 필요했기 때문에 돈이 많이 들었어요. 달팽이들은 아마 이 패션을 별로 좋아하지 않았을 거예요!

# 77 우리 몸에는 연필 수천 자루를 만들 수 있을 만큼의 탄소가 들어 있다고?

연필심은 탄소의 한 형태인 흑연이에요. 우리 몸은 대부분 탄소, 수소, 질소, 산소 그리고 몇 가지 다른 원소로 조합된 화합물, 즉 화학 물질로 이루어져 있어요.

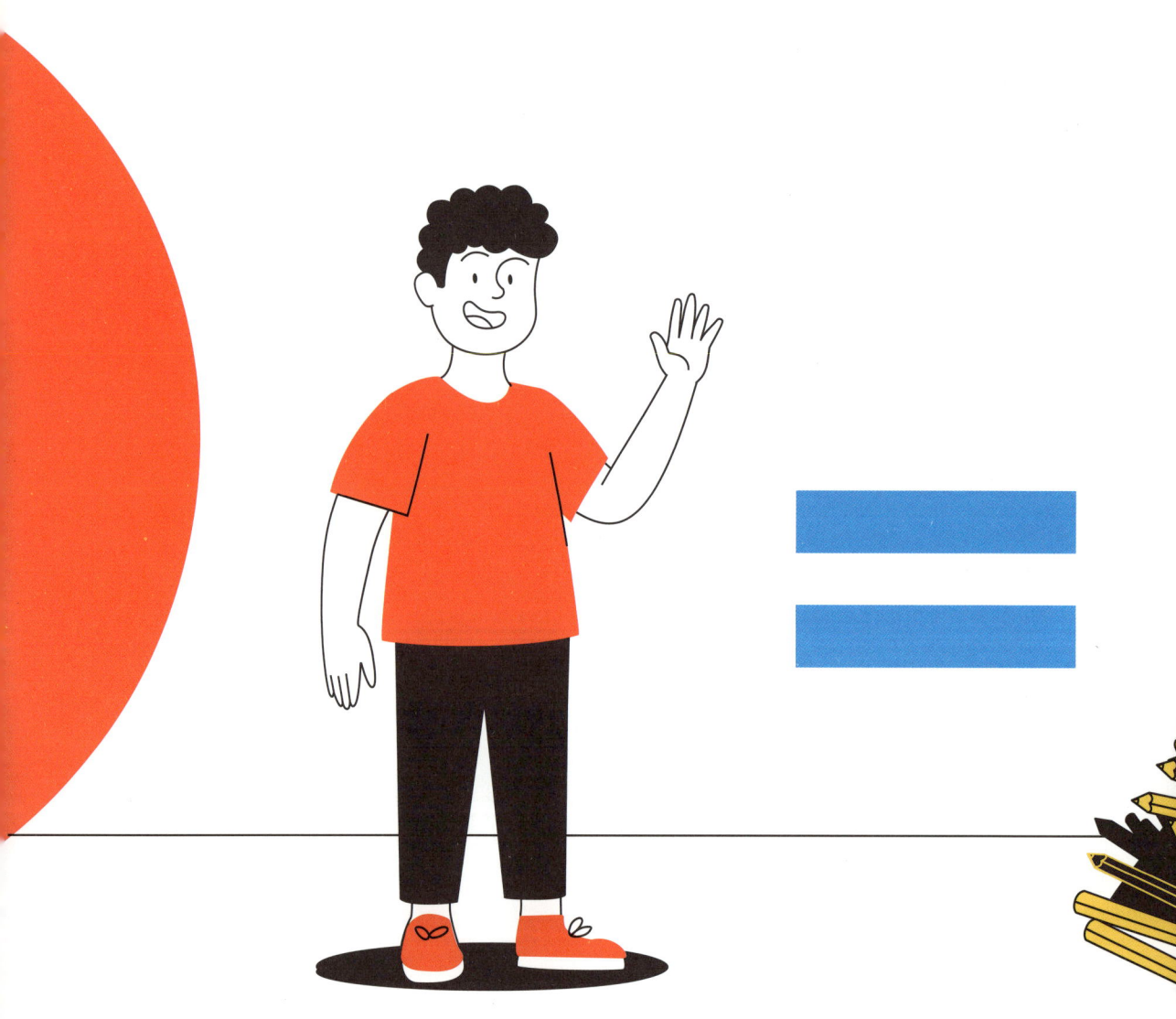

## 걸어다니는 거대한 연필심

사람의 몸에서 탄소를 모두 뽑아낼 수 있다면 어른 한 사람당 연필 1만 자루의 연필심을 만들 수 있을 정도로 많은 양의 탄소가 들어 있어요. 하지만 연필 1만 자루는 사람 1명에 비할 수 없으니 상상만 해 보세요.

## 여러분은 유기체입니다

화학자들은 탄소와 수소로 이루어진 화합물을 '유기' 화합물이라고 부릅니다. 유기 화합물은 모든 생명체에 필수적이며, 생명체는 '유기체'라고 합니다. 그러니까 유기 화합물이 유기체를 만드는 거죠. (하지만 유기농 식품이나 유기 농업과는 아무런 관련이 없어요.)
많은 유기 화합물은 수백 또는 수천 개의 원자를 포함하는 매우 큰 분자입니다. 유기 화합물은 혈액에서 피부, 머리카락, 근육, 심지어 뼈에 이르기까지 우리 몸의 모든 부분을 구성합니다.

### 만약 우리 몸을 분해하면…

사람을 분해하여 화학 원소로 되돌릴 수 있다면 많은 양의 기체, 잠재적인 연필심, 작은 고체 결정 더미만 남게 될 거예요. 우리 몸은 탄소 외에도 수소, 질소, 산소 등의 원소로 되어 있는데 대부분 상온에서 기체 형태를 띠죠. 우리를 분해하면 대부분 공기 중으로 흩어질 거예요.

# 용어 풀이

**DNA**: 디옥시리보핵산. 생물의 염색체를 구성하는 화학 물질로 그 구조에 유기체를 만들기 위한 지침 역할을 하는 암호를 담고 있음.

**가연성**: 연소할 수 있는 성질.

**감압**: 압력을 낮추는 것.

**결합**: 원자와 원자 사이의 연결.

**궤도**: 중력의 영향으로 인해 우주에서 한 물체가 다른 물체 주위를 도는 고정된 경로.

**규산염 암석**: 실리콘 원소를 기반으로 하는 암석.

**기체**: 공기처럼 모양이 고정되어 있지 않은 물질.

**기화**: 액체 상태의 물질이 기체 상태로 변하는 현상.

**대기**: 행성, 별 또는 기타 물체 주변에 중력으로 유지되는 기체층.

**라디오 안테나**: 전파를 송신하거나 수신하는 데 사용되는 막대 또는 접시 모양의 금속 조각.

**라텍스**: 고무처럼 구부러지고 신축성이 있는 물질.

**마찰력**: 움직이는 물체를 느리게 하는 힘.

**망원경**: 우주에서 빛이나 기타 방사선을 수집하여 이미지를 만드는 데 사용하는 도구.

**맨틀**: 지각(우리가 사는 곳) 바로 아래에 있는 지구의 한 층. 뜨겁고 매우 느리게 움직이는, 반 정도 녹은 암석으로 이루어져 있음.

**메소포타미아**: 현재 이라크 지역의 고대 땅과 문화.

**밀도**: 물질이 채우고 있는 공간의 양과 비교한 물질의 질량.

**박테리아**: 단 하나의 세포로 이루어진 작은 유기체. 일부 박테리아는 질병을 일으키지만 많은 박테리아는 우리에게 도움이 됨.

**반응성**: 두 가지 이상의 화학 물질이 함께 새로운 화학 결합을 만들거나 이미 존재하는 화학 결합을 끊는 화학 반응에 참여하는 성질.

**부식**: 화학 작용으로 인한 손상. 녹슨 철은 부식의 한 예.

**부피**: 물질이나 물체가 차지하는 공간.

**분자**: 한 개 또는 두 개 이상의 비금속 원자가 화학 결합으로 만들어진 원자 그룹. 물질의 고유한 성질을 가지는 가장 작은 단위.

**불순물**: 물질에 포함되어서는 안 되는 물질. 물질이 순수하지 못하게 하는 요소.

**빅뱅**: 시간과 공간 그리고 모든 물질과 에너지가 출현한 우주의 시작. 작고 뜨겁고 밀도가 높은 점이 순간적으로 폭발하며 시작되었음.

**산**: 물에 용해되며 신맛이 나는 화합물.

**산소**: 생명체에 필수적인 기체.

**수소**: 가장 가벼운 화학 원소인 기체.

**수소 결합**: 분자 사이에서 일어나는 약한 결합. 한 분자의 산소 또는 질소와 다른 분자의 수소 사이에서 생김.

**스펙트럼**: 빛을 프리즘 같은 도구로 색깔 또는 파장별로 분해해서 배열한 것.

**안료**: 무언가를 염색하거나 색을 입히는 데 사용되는 물질.

**압력**: 한 물체나 물질이 다른 물체나 물질을 누르는 힘.

**액체**: 물처럼 그릇 모양이나 표면을 채우기 위해 흐르는 물질.

**양성자**: 원자 핵에 있는 입자로 양전하를 띔.

**에너지**: 일을 할 수 있는 능력.

**연금술사**: 초기 유형의 화학자. 다른 물질을 금으로 바꾸고 사람들에게 영생을 주는 약을 찾는 데 관심이 있었음.

**연성**: 긴 실로 뽑아낼 수 있는 성질.

**열대**: 적도 근처의 더운 지역.

**온도**: 열의 척도.

**원소**: 더 간단한 화학 물질로 나눌 수 없는 118개의 화학 물질들 중 하나.

**원자**: 화학 원소의 가장 작은 입자.

**유기 화합물**: 생물체에서 발견되는 탄소를 포함하는 거대한 범위의 화합물.

**유기체**: 생명체.

**응고**: 차가워져서 액체에서 고체로 상태가 변하는 것.

**응축**: 기체 또는 증기가 액체로 변하는 현상.

**이산화 탄소**: 탄소 원자 하나가 산소 원자 2개와 결합하여 이루어진, 생명체가 생성하는 호흡 기체.

**잠수**: 액체 표면 아래에 완전히 잠긴 상태.

**전류**: 전기를 생성하는 전자의 흐름.

**전자**: 음전하를 띠는 작은 입자. 원자의 가장 작은 부분으로 전자의 흐름이 전기를 생성한다.

**주기율표**: 118개의 화학 원소를 원자 번호 순서대로 배열한 도표로 원소의 원자핵에 있는 양성자 수와 관련이 있음.

**중력**: 질량이 있는 물체 사이에 작용하여 서로 끌어당기는 힘.

**중력장**: 물체 주변에서 중력이 작용하는 공간.

**중성자**: 원자 핵에 있는 입자로 전하를 띠지 않음.

**증발**: 액체에서 기체로 변하는 것.

**진동**: 미세하게 흔들리는 움직임.

**질량**: 물체에 얼마나 많은 물질이 있는지를 나타내는 척도.

**초신성**: 큰 별의 수명이 다할 때 일어나는 거대한 폭발.

**태양계**: 항성인 태양과 그 중력에 이끌려 있는 주변 천체로 구성된 체계. 지구를 포함한 여덟 개의 행성과 그 위성, 그리고 태양 주위를 공전하는 소행성과 같은 기타 천체가 포함됨.

**포자**: 씨앗이나 알처럼 새로운 유기체로 성장할 수 있는 세포. 곰팡이는 포자로 번식함.

**핵(Core)**: 어떤 것의 중심부.

**핵(Nucleus)**: 양성자와 중성자로 이루어진 원자의 중심 부분.

**행성**: 별의 주변을 공전하는 천체로 질량이 충분해 자신의 중력으로 거의 완벽한 구형을 이루고 공전 궤도에서 지배적인 역할을 하는 천체.

**헬륨**: 두 번째로 가벼운 화학 원소인 기체.

**혼합물**: 여러 가지 성분 물질이 섞여서 만들어진 물체.

**화학 반응**: 두 개 이상의 화학 물질이 함께 반응하여 화학 물질의 결합을 만들거나 끊는 현상.

**화합물**: 두 가지 이상의 원소 또는 원자가 화학 결합으로 서로 결합된 물질.

**흥분제**: 사람을 더 깨어 있고 활기차게 느끼게 하는 화학 물질.

# 찾아보기

NaK(합금) 75
pH 33
각성제 102-103
갈륨 45
감속 48
강철 44
거대 얼음 행성 50-51
거대 기체 행성 113
격자 43, 45
결정 구조 37, 84
결합 41, 43, 45, 67, 70, 73, 75, 77, 86-87, 99, 115, 119
고리 모양의 분자 66-67, 87
고무 40-41, 44
고체 7, 37, 43, 45, 48, 57, 62, 70, 75, 89
공기 9, 11, 16-17, 29, 31, 39, 47, 61, 68, 75-79, 92, 99, 109, 127
과냉각된 액체 37
과산화 수소 73
광석 15, 71
구름 9, 50
구리 65, 94, 97
구연산 33
궤도(껍질) 21, 69
규산염 암석 15
규조류 36

금 12, 24-25, 52-53, 62, 96-97, 110-111, 121
금속 6, 12, 14-15, 27, 33-34, 45, 52, 55, 64-65, 68, 74-75, 97, 111
기름 27, 38-39, 68, 75
기체 43, 48, 50-51, 55, 58-59, 61, 65, 70, 78-79, 89-91, 100, 104-105, 109, 113, 122-123, 127
기후 변화 28-29, 73
끓는점 55, 70, 99
나노퍼티안 86-87
나트륨 21, 23, 46, 48, 65, 68-69, 74-75, 85, 99
납 12, 52-53, 62
냄새 18, 26-27, 50-51, 91
녹(산화 철) 25, 34, 94
녹는점 45, 70
눈(snow) 76-77
니켈 15
다이아몬드 92-93, 112-113
단백질 57, 62-63
달 107
달걀 18, 50-51, 57, 90-91

도깨비불 60-61
동위 원소 54-55
라텍스(고무) 31
랍스터 94
리버모륨 54
마그네슘염 65
마일라(PET) 30-31
마찰 39
매운맛 102, 118
맨틀 14-15
메테인 51, 61, 91
모노머(단량체) 41
모래 36, 47
모베인 125
목성 51, 113
몸 9, 11, 22-23, 29, 31, 62, 77-78, 80, 82, 92, 94, 102, 105, 116, 121, 126-127
물 8-9, 15, 17, 20-21, 23, 29, 31, 33, 39, 41, 46-47, 57, 67-69, 75-78, 84-85, 90-91, 98-99, 103, 114-116
물리적 변화 57
물의 순환 9
물질 10, 12, 17-18, 23, 35, 37, 42-43, 48, 61-62, 70, 80-81, 83, 91, 93, 107, 113, 118, 125

미생물 29, 105
밀도 22-23, 47, 50, 67, 75
바나나 104-105
바닷물 22-23, 71, 85
바람 39
바륨염 65
박테리아 19
반감기 53-55, 100
반사 17, 97, 119
방사능 54-55
배터리의 산(acid) 33
버크민스터풀러렌 92-93
벤젠 67, 87
별 82-83, 88-89
부피 7, 23, 31, 47, 76
분자 7, 11, 20-21, 23, 31, 37, 39, 40-41, 43, 45-46, 57, 66-67, 84, 86-87, 99, 115, 125, 127
분해 73, 91
브로민 70-71
비 9, 35, 76
비누 116
비누화 116
비정질 고체 37
빅뱅 80-82
빛 17, 58, 62, 72-73, 88-89, 97, 119, 121

빵 29, 41
뼈 33, 62-63, 127
사람 모양의 분자 86
사해 22-23
산(acid) 33, 116
산소 11, 16-17, 21, 23, 34-35, 41, 51, 57, 61, 75, 78, 87, 91, 94-95, 99, 105, 126-127
산화 35
색깔 64, 104, 119
색소 119
설탕 41, 57
셀룰로스 57
수산화 나트륨 69
수산화 칼륨 69
수성 34
수소 11, 20-21, 23, 41, 51, 53, 57, 67, 69, 80-83, 87, 89, 91, 126-127
수소 결합 99, 115
수용체 26, 118
스트론튬염 65
스펙트럼 17, 88-89, 97
습지 가스 60
시공간 80
싸이오아세톤 18
아스타틴 55
아자이드화 나트륨 48
알칼리(염기) 33, 116
암모니아 51

암석행성 15, 107
압력 78-79, 113, 123
액체 16, 33, 37, 42-43, 45, 50, 57, 59, 62, 67, 70-71, 75, 77, 79, 90, 114-115
액체 산소 16-17
야광봉 72-73
양성자 53, 80-81
어는점 37, 50, 70, 84-85
얼음 84-85
에너지 45, 55, 62, 73, 80, 83, 99
에어백 48
에틸렌 104-105
에펠탑 6-7
엔도헤드랄 풀러렌 93
연금술 13
연성 110-111
연소 48, 60-61, 65, 75
열 7, 45, 57, 69, 73
열팽창 7
염료 73, 124-125
염소 21, 23, 85
염화 나트륨(소금) 21, 23, 46, 85
오가네손 100-101
오줌 8-9, 51, 62
온도 15, 18-19, 37, 47, 59, 61, 70-71, 98-99, 109
온도계 71
온실가스 29
용해(녹이기) 79, 99
우주 15, 20, 58, 80-83, 93, 100, 106-107, 113
운석 15, 106-107
원소 10-11, 25, 41, 53-55, 58, 68-71, 82-83, 89, 91, 100-101, 112, 126-127
원소 주기율표 69, 101
원자 7, 10-11, 20-21, 23, 31, 40-41, 45, 52-55, 59, 66-67, 69-71, 73, 75, 80-87, 92, 100, 111, 113, 127
유기 화합물 41, 91, 127
유기체 127
유리 36-37, 59
유체 43
은 25, 96-97, 120-121
은하수 26
이산화 규소 36-37
이산화 탄소 29, 35, 57, 73, 91, 122-123
이온 84-85, 99
인 11, 61-63
인광 62
인산 칼슘 63
입자 가속기 53

잠수병 78
잠수부 78-79
재활용 25
전기 25, 48, 61
전자 21, 53, 69, 75, 81-82, 84, 100
전자 제품 25
전파 망원경 26
전하 80
점도 59
제련 15
종이 57, 61, 112-113
중력 43
중성자 53-54, 80, 82
증기 57
증발 9, 23, 62, 99, 109
지구 8, 10, 14-15, 34-36, 55, 58, 83, 89, 92, 106-107, 113
지구의 핵 15
질소 11, 48, 51, 78-79, 92-93, 105, 126-127
체체인 87
천왕성 50-51
철 6, 14-15, 25, 34-35, 52, 65, 83, 94
철학자의 돌 12, 62
초신성 83, 100
초유체 59
취성 111
카페인 102-103

칼륨 68-69, 74-75
캡사이신 118
커피 102-103
콜라 33, 103
퀴닌 125
큰 분자 40, 57, 127
클로로크루오린 95
타이어 40
탄산음료 29, 33, 79, 122-123
탄성 44
탄소 11, 41, 51, 53, 57, 67, 87, 91-93, 112-113, 126-127
탄수화물 29, 41
태양 7, 58
테인 103
파고데인 87
포름산 에틸 26
포스핀 61
폭발 48, 69, 75, 83
폭죽 65
폭풍우 38
폴리머(다량체) 41
표면 장력 114-115
표백제 116, 119
플라스틱 41, 43, 67
피치 낙하 실험 42-43
하우세인 87
합금 75
해왕성 51

핵 생성 122-123
핵(원자의) 21, 53-54, 80-82
행성 15, 34-35, 50-51, 83, 107, 113
허리케인 38-39
헤메리트린 95
헤모글로빈 94
헤모시아닌(헤모사이아닌) 94
헬륨 30-31, 51, 58-59, 81-83, 89
혈액 79, 94-95, 127
화석 63
화성 34-35, 107
화약 64-65
화학 메신저 105
화학 반응 56, 72-73, 86, 91
화학 발광 72
화학식 41
화학적 변화 57, 105
화합물 11, 20-21, 25, 57, 67, 69, 87, 91, 94-95, 100, 126-127
황 11, 18
황화 수소 50, 91
효모 29
흑연 92-93, 112-113, 126
힘 44, 97, 115

Copyright © Arcturus Holdings Limited
www.arcturuspublishing.com
All rights reserved.

This edition published by arrangement with Icarias Agency, Seoul
© 2024 Greenbook Publishing Co. for the Korean edition

이 책의 한국어판 저작권은 Icarias Agency를 통해 Arcturus Holdings Limited와
독점 계약한 도서출판 그린북에 있습니다. 저작권법에 의하여 한국 내에서
보호를 받는 저작물이므로 무단전재와 복제를 금합니다.